本书得到农业农村部市场预警专家委员会项目、中国农业大学领军教授人才项目资助

THE ROAD OF AGRICULTURAL
MARKET REFORM IN CHINA

中国农业市场化改革之路

武拉平 ◎ 著

经济管理出版社
ECONOMY & MANAGEMENT PUBLISHING HOUSE

图书在版编目（CIP）数据

中国农业市场化改革之路/武拉平著．—北京：经济管理出版社，2020.8
ISBN 978－7－5096－7496－3

Ⅰ.①中…　Ⅱ.①武…　Ⅲ.①农业经济—经济市场化—研究—中国　Ⅳ.①F320.2

中国版本图书馆 CIP 数据核字（2020）第 163683 号

组稿编辑：曹　靖
责任编辑：曹　靖　郭　飞
责任印制：黄章平
责任校对：王纪慧

出版发行：经济管理出版社
　　　　　（北京市海淀区北蜂窝 8 号中雅大厦 A 座 11 层　100038）
网　　址：www. E－mp. com. cn
电　　话：（010）51915602
印　　刷：北京玺诚印务有限公司
经　　销：新华书店
开　　本：720mm×1000mm/16
印　　张：12.75
字　　数：201 千字
版　　次：2020 年 8 月第 1 版　　2020 年 8 月第 1 次印刷
书　　号：ISBN 978－7－5096－7496－3
定　　价：88.00 元

序　言

经过 40 多年的改革开放，我国的市场化改革取得了巨大成就，由计划经济到有计划的商品经济，再到社会主义市场经济，我国逐步由没有市场到主要依靠市场，经济体制发生了质的变化。目前，我国 97％ 的商品，其价格完全由市场决定，只有少数关系到国计民生的产品，政府仍有一定的调控。市场化改革的成功，大大调动了广大企业和生产者的积极性，成为推动我国经济健康快速发展的重要动力。

作为一名 60 后，笔者见证了我国农村改革的整个过程，因而对农村改革也情有独钟。特别是 1992 年我国提出建立社会主义市场经济体制以来，对农村市场化改革更是投入了较多的时间进行学习和研究。1995 年参加工作以来，在我国著名的农产品市场研究专家、中国农业大学原校长柯炳生教授的指导下，开启了自己对于农产品市场的研究生涯，其后便一发不可收拾。

工作以来，本人主持的第一个研究项目就是"我国主要农产品市场整合程度研究"，此项目得到美国福特基金会资助，后来在国家自然科学基金、国家社会科学基金、农业农村部和国家发展改革委员会等机构资助下，陆续完成了一系列有关我国农产品市场的研究，出版了《农产品市场一体化研究》（专著）、《中国农产品市场行为研究》（专著）、《中国主要农业生产资料市场分析》（合著）、《中国农产品市场景气指数编制与应用》（副主编）等。2012 年笔者有幸被聘为农业农村部农产品市场预警专家，积极参与中国农产品市场的研究和决策咨询。

多年来，在农产品收购、批发和零售市场、期货市场、国际市场等领域进行了较多的研究，积累了一定的经验。本书是笔者在多年思考的基础上完成的，也是在提交给农业农村部市场预警专家委员会的一份研究报告基础上扩充而来的。在此，特别感谢参与本报告资料收集、整理和承担部分撰写任务的研究生。本书得到农业农村部市场预警专家委员会项目和中国农业大学"人才计划"项目的资助，在此也一并表示感谢！

中国农业市场化改革的时间线

1978年 **提出改革开放，开始了对内市场化改革和对外自由化经贸投资**
- 从农村地区开始，家庭联产承包责任制
- 农业生产率提升，农业剩余产品增加

1984年 **建立有计划的商品经济体制，开始了"计划"向"市场"的过渡**
- 承认私人产权，允许个体私营经济发展
  "农业剩余+私人产权"，提出了市场交易的需求
- 乡镇企业异军突起，多种经营不断发展
  提出了建立要素市场的需求
- 农业领域实行"双轨制"，计划和市场并行

1984年 **开始按照"消费品、生产资料、生产要素"的逻辑进行改革**
- 先消费品市场，再生产资料市场，最后要素市场
- 消费品市场的建立与改革，区分两类消费品分步推进
  先二类消费品：非必需品，比如肉类、水果、蔬菜等
  再一类消费品：粮油食品等日常必需品

1992年 **建立社会主义市场经济体制**
- 继续完善消费品市场改革，开始生产资料和要素市场改革
  生产资料市场改革：钢材、水泥、化肥、农药等
  生产要素市场改革：土地、劳动力、资本、技术、信息等

2001年 **中国加入世界贸易组织，对外开放进一步发力**
- 对内市场化改革成就巨大：20世纪80年代主要是消费品市场改革
  90年代重点是生产资料和要素市场改革
- 深化国内改革的同时，加大对外开放力度

2004年 **最终取消农业生产配额和粮食垄断收购**
- 2004年以来，一号文件锁定"三农"，农业市场化基础更加稳固
- 2006年取消农业税，农业完全市场化

2012年 **党的十八大后，改革进入下半场**
- 2013年，对外："一带一路"倡议，走出去，人民币国际化
- 2015年，对内：供给侧改革，大众创业、万众创新

2017年 **党的十九大后，提出习近平新时代中国特色社会主义思想**
- 大力推进国内自由贸易区建设
- 改革与开放深度融合，呈现"对内"开放格局

目　录

引　言^①

20 世纪 80 年代以来，我国从对内"市场化改革"和对外"互惠性开放"两个方面同时推进，实现了由计划向市场的转型、由封闭到开放的发展，使计划和市场两种手段都得到充分利用。改革开放以来，我国经济实现了快速增长，人民生活水平极大提高，国际合作交流不断深入，国际地位不断提升，中国正在为全球经济发展形成经验、提供方案、树立榜样。因而，系统总结中国特色的农业市场化道路具有重要的理论和实践意义。

完全竞争市场在实践中是相对的，任何一个国家都没有纯粹的完全竞争，或者说即使在一些市场发达的国家，也不可能建成完全竞争或者说没有政府干预的纯粹市场，因而需要研究市场的边界。与其他发达国家的农业市场化过程一样，中国也在不断探索符合中国国情的农业市场化道路，并且形成了中国特色的农业市场化模式。

一、模式的内容

第一，从市场主体来看，充分培育多种所有制的经营主体。逐步减少政府对市场的干预，形成了农业生产者主体（农户、农场和企业等）、流通主体（流通、贸易、加工企业和农户等）、消费者主体（城乡消费者和国际市场）和调控主体（政府）"四大主体共存"的格局，政府退出市场，置身市场之

---

① 本部分是在提交给农业农村部办公厅委托的"中国特色农业市场化改革研究"项目（2017）研究报告基础上压缩而成，压缩稿曾提交部相关领导参阅，得到领导的充分肯定。

外，对市场环境和秩序等进行监测、维护，为三大竞争主体（生产者、流通者和消费者）的公平竞争提供服务。

从主体角度来看，中国的特色主要体现在政府的作用，主要依靠市场主体，按照市场规律进行生产经营活动，但政府也不是完全放手，政府对市场软硬件建设发挥了重要作用，特别是对公益性更强的"批发市场"的发展，政府给予了多方面的支持。对强买强卖、扰乱市场秩序的行为予以严厉的打击等。

第二，从市场客体来看，积极推进农产品标准化建设、大力推动农产品的品牌化和地理标志建设，建立"有机食品""绿色食品"和"无公害食品"等体系，不断提高产品质量，积极推动可追溯体系的建立，提高消费者的知情权和出现质量问题后的快速解决。同时，大力鼓励企业、协会、行业、部门等多渠道推进标准化建设工作，积极探索国际标准，不断推动国内外标准的并轨，更好地服务于对外合作与开放。

从市场客体角度来看，中国的特色体现在政府在"食品安全"方面的工作，包括对食品安全的监管、严厉打击假冒伪劣商品、生猪家畜等统一定点屠宰，这些都是很多其他国家政府未能做到或做好的。

第三，从市场交易来看，由市场主体自由进行。但是中国这种小规模农户的情况比较特殊，要解决一家一户小规模的分散生产如何适应960万平方千米范围内如此广大市场的问题，小生产和大市场的矛盾成为一大挑战。为此，政府采取两种途径：①龙头企业。20世纪90年代以来，政府实行农业产业化，通过龙头企业，以"订单农业"等形式带动小规模农户，龙头企业面向市场，将市场需求等信息通过订单（任务）方式传递给小规模农业生产者，最后带动小农户走向大市场，这一形式极大地促进了农产品的生产流通。②合作社。由于龙头企业在农业产业化发展中，存在着不同程度的问题，政府也一直注重农业合作社的发展，2007年通过了第一部农业合作社法《中华人民共和国农民专业合作社法》，逐步依靠合作社将农民组织起来，共同解决生产流通中遇到的问题，共同应对风险。目前，有一种合作社逐步替代龙头企业的趋势，当然中国合作社的发展还存在较多的问题。

　　从市场交易来看，中国特色体现在政府对市场交易的服务和帮助上，包括政府从软硬件角度，建立和完善交易体系和结算支付系统，地方政府定期举办专业或综合性的集市（比如草莓节、西瓜节等），促进农产品贸易；同时，销地或产地政府，在收获季节生产者面临卖难时，积极组织一些大型超市、集团消费的学校、政府机关等单位赴农村进行农产品的采购，"农超对接"已成为一种代表性的方式。

　　第四，从市场体系来看，政府充分规划和引导各种形式的市场发展，包括收购市场（农村集贸市场等）、城乡批发市场、城乡零售市场（超市、专卖店、社区小店等）、期货市场（大宗商品交易）、电子商务（网络销售）等。

　　从市场体系来看，中国特色体现在政府的总体规划和布局上，市场的发展不能放任自流，从横向来看，如何布局才能保证流通效率最高；从纵向来看，如何规划收购、批发和零食市场的配置，如何保证期货市场和现货市场的协调，科学规划和引导期货市场的发展，如何促进电子商务的发展，保证线上、线下销售的协调等。

　　第五，从市场信息来看，它是农产品流通顺利实现的"润滑剂"，流通中的信息多数是市场化导向的，主要依靠市场提供。中国的特色，主要体现在政府在信息传播渠道建设方面的支持。政府专门制作 CCTV 农业频道传播农产品相关信息，为广大农业生产者（特别是贫困地区的农户）提供免费广告服务，政府组织力量对农户如何利用手机搜集信息进行培训。信息化建设中"金农工程"是最有代表性的一项工作，政府为加速和推进农业和农村信息化，建立"农业综合管理和服务信息系统"，1994 年提出了"金农工程"，系统完整地采集农业相关信息，并主要依靠国家公共数据通信网进行传播，近年来政府更加重视"信息高速公路"的建设，一些省市探索在农村地区提供免费Wi‐Fi。

　　总之，经过近 40 年的市场化改革，中国的农业市场化模式取得了巨大的成功，这一模式的基本内涵为：以市场手段为主，辅以必要的政府调控，调控领域主要集中在市场失灵和涉及国家安全及国计民生、人道主义等领域。简单而言，通过市场促进生产效率、通过政府调控实现公平发展，将经济发展和社会稳定置于同等重要的地位。

二、模式的核心

第一，完善的各项农业制度。包括农业基本经营制度、农村各项产权制度、土地制度、农村金融制度、农业劳动力就业制度、农村社会保障制度等。在实践中，通过家庭承包责任制、集体资产的承包经营或股份制改造等方式，实行有效的产权激励，调动广大农民生产经营的积极性和创造性。

第二，健全的生产经营组织。从国情出发，明确家庭是最基本的也是主要的农业生产经营组织，同时，为了解决小规模农户分散、低效率的问题，积极推动"龙头企业＋农户""合作社＋农户""家庭农场"等新兴经营主体，建立了多元的农业生产经营组织，既有很小的小农户，也有现代化的大农场。

第三，自由的要素流动。通过构建有效的所有权和使用权流转机制，促进要素自由流动，形成了全国统一的土地使用权流转市场、劳动力市场、资本等其他要素市场。

第四，市场化的价格决定。市场经济的综合体现是价格，市场供求决定价格是市场经济的客观规律，反过来再由公平、公正、公开的市场化价格，引导要素的配置和产品的流动。目前在我国，97%以上的商品价格完全由市场自由决定，越来越多的农产品价格由市场决定，只有小麦和水稻等几种关系到国计民生的商品价格受政府的调控，但政府对口粮的支持补贴完全在 WTO 的规则约束和我国的承诺范围内。

三、模式的特点

（1）市场和计划兼顾。充分依靠市场，但辅以必要的政府调控。农业面临自然和市场等多重风险，农业为所有人口提供食物，事关国家安全，农业涵养水源、保持水土，农业具有多功能性和较强的正外部性，这些都决定了农业必须进行保护，因而绝大多数国家都将农业的支持保护作为政府的政策目标之一，因而政府的计划和调控就成为农业市场化发展中必需的环节。但在"效率"方面，政府应充分依靠市场、发挥市场主体的积极性和创造性，提高生产效率；在"公平"方面，作为社会主义市场经济国家，共同致富、确保收入公平也是政府义不容辞的责任。简单而言，政府逐步退出对于"初次收入分配"的干预或影响，积极强化"二次收入分配（或再分配）"的职能，确保社会收入差距不断缩小，实现小康生活，建立和谐稳定的社会。目前，玉米、大豆等一些农产品逐步退出"价格政策"（即临时收储），实行价补分离，通过脱钩的收入补贴，保证农民一定的收入；水稻和小麦的最低收购价不断调低，这些都充分反映了政府将逐步在更大程度上依赖市场。

（2）硬件和软件并进。硬件建设主要是市场基础设施，软件建设一方面包括市场制度建设，另一方面包括维护市场秩序，创造良好的市场交易氛围。20 世纪 80 年代以来，农村集贸市场逐步恢复和活跃，90 年代以来城乡批发市场逐步建立，21 世纪以来城乡零售市场快速发展。农村集贸市场建设主要是采取"政策松绑，农村自建"为主的方式，城市超市等零售市场由于其商业化特点，主要是依靠企业建设经验，而批发市场由于其公益性相对较强，政府予以相关扶持，特别是在建设初期，在用地和基本建设方面进行扶持。而农村零售市场，则由于建设的相对滞后，2005 年以来政府通过"万村千乡"市场工程，支持建设了一批农村零售连锁店或超市，同时对大型批发市场和流通企业进行政策扶持，对储藏、保鲜和屠宰等食品安全设施以及市场信息系统建设等进行支持。

（3）特殊的土地市场。土地制度实行三权分置，所有权归农村集体、承包权归村民个人、经营权（使用权）归土地实际使用者，同时政府实施最严格的耕地保护制度。在中国文化中，耕地是农民的命根子，什么时候农民拥有耕地农村就会稳定，什么时候农民失去了耕地，社会就可能动荡。因此，即使实行了市场经济土地（耕地）也不能作为一般的商品，而具有一种特殊的商品属性。同时，耕地在中国是最为稀缺而又没有替代物的特殊商品。中国要以全球 7% 的耕地、5% 的内陆水资源养活 20% 的人口，中国要在人均不到 1.5 亩的耕地上，解决农民的口粮、肉类（饲料粮）、蔬菜水果、棉油糖等的需求，这无疑是一个很大的挑战。为此，耕地（土地）问题，在中国不能有丝毫马虎，否则将导致社会的动荡不安。

（4）核心物资的"准商品化"。核心物资主要指一些极少数战略性商品（比如口粮、水土资源等），在相当长的一段时间内，必须能够由政府掌控。准商品化，指这些物资不能作为一般的商品完全由市场决定。中国的资源禀赋和人口增长的矛盾，要求在任何背景下口粮（小麦和水稻）必须绝对安全，它涉及 14 亿人口吃饱肚子的基本生存需求，涉及社会稳定和党执政的基础，因而当市场调控出现不安全的迹象时，政府将必须随时能够进行调控。这说明了口粮必须牢牢掌控在政府手中。日本和韩国等这些与中国资源禀赋类似的国家，都毫无例外地将口粮（大米）作为核心，不惜一切代价进行保护。当然美国等很多人少地多的国家不存在这一问题。因而，对像中国这样纯粹的"生计性农业"国家而言，口粮将是一种特殊的商品（或准商品），不能像一般商品那样完全由自由市场决定，不能一味照搬一些资源丰富的农业商业化国家的模式。这是由人的生命权、生存权决定的，也是人道主义的要求。

（5）国有企业（机构）的市场化运行。目前我国在市场化改革过程中，仍然存在一定的国有农业企业，比如中粮集团、吉粮集团、中储粮等，但这些国有企业在逐步进行市场化改革，包括股份制改造、兼并重组等，当然这需要一定的时间。实际上，在其他很多市场经济发达的国家，也都曾有类似的企业（或政府机构），比如加拿大和澳大利亚的小麦局，政府通过这些机构直接或间接干预小麦的生产和销售等。当然，在 2011 年和 2012 年澳大利亚和加拿大小麦局彻底实行了股份化和市场化，但两国小麦局从其成立到完全市场化都经过了约 60 年的时间。

与人少地多的澳大利亚和加拿大不同，在中国，粮食安全永远是头等大事。国有粮食企业的改革需要慎之又慎，需要始终把保证粮食安全作为首要任务。对于竞争性领域的业务，比如日常的食品和生活消费品的生产和加工等，则要逐步从国有粮食企业的相关业务中剥离，而粮食（特别是口粮）的生产、储备和贸易的主动权则必须由政府掌握，这直接涉及国家粮食安全。总之，主要依靠市场是中国改革坚定不移的方向，但政府和市场的有机配合，弥补一些领域的市场失灵和保障全球 20% 人口的粮食安全，也是政府义不容辞的责任。

总体而言，中国的农业市场化模式主要依靠市场进行调节，对于非普通商品的土地和粮食等准商品进行特殊管理，通过政府和市场两种手段，促进经济的健康快速发展，保证社会的公平和稳定。

四、面临的挑战

（1）政府和市场的边界问题。中国特色的农业市场化模式，其特点之一就是高效的政府调控。但政府也不是万能的，政府更不能代替市场，因而需要明确政府的职责范围和市场的边界。但中国政府的宏观调控，基本勾勒出了其边界，首先是财政政策和货币政策，1997年亚洲金融危机后，已持续了十多年，但随着财政和货币政策的乏力，政府审时度势，适时调整方向，从中国实际情况出发提出了"供给侧结构性改革"，同时在"开放"领域进一步发力，形成了新的"改革开放"格局，即国内主要强化"供给侧改革"，国外特别注重"经贸投资合作"，同时由过去以国内市场化改革为主，逐步转向国内外两方面共重，并更大程度上重视"国际合作"。

未来在新时代背景下，如何把握好政府调控的"度"，或者说科学地找到"市场失灵"的领域，将是中国特色农业市场化模式面临的挑战之一。

（2）商品和"准商品"的问题。市场经济体制下，一般商品的生产、流通直至消费都必须由市场来决定。但是，在市场经济中，并不是所有的"产品"都是"商品"，也正是由于这一特点，在世界贸易组织框架下，多数国家都选择一定的商品作为其"敏感性"商品，并实施特殊的政策，而且多数国家都将粮食（特别是口粮）列为敏感性商品。在中国这一人多、地少、资源稀缺的国家，没有政府的调控，粮食安全一定会面临很大风险。目前国际粮食市场波动频繁，几大国际粮商垄断严重，并且主要的粮食生产国产量易受极端天气的影响。如果口粮大量依赖进口，损失的不仅是经济资源，更是国家社会稳定的保障和外交谈判的主动权。因此，在一定程度上保障口粮的自给，对于国家有至关重要的意义。

除粮食外，极度稀缺的产品和资源也必须有政府的干预，否则在严重的供不应求的情况下，市场必然会出现扭曲和失常。因而，即使在发达的英美日等国也都有诸多的政府干预市场的例子，包括日韩的大米、澳大利亚和加拿大的小麦，甚至在美国，其90%以上的农业补贴都集中在小麦、大豆、玉米、大麦和棉花五种农作物上。

各国的农业补贴实践表明，高额补贴水平和市场化并非不可兼得，但关键是如何把握好"准商品"的边界，政府同样不能越俎代庖。

（3）政府部门之间的协调问题。中国的市场经济是由高度集中的计划经济改革而来的，是一个逐步转变的过程，因而出现了不同政府部门之间的协作难以很好适应市场经济发展需要的局面。传统的部门间关系是垂直的条条管理，各个部门之间的联系松散，但是在市场经济中主要活动或主要问题都是一体化的，需要部门间联合协作完成。

在传统的经济体制下，农业农村部主要负责生产，商务部主要负责流通和贸易，科技部主要负责科技研发，国家统计局则主要负责农业统计，这样条块分割的格局，有其特点，那就是比较容易专业化，提高效率，但是在市场经济条件下，很多事情不是一个部门就能够解决的，而一个部门又难以去指挥另一个同级的部门。因而，如何处理好部门之间的协调关系，不留空隙，也是中国农业市场化模式面临的挑战之一。

（4）市场体系的完善问题。目前，我国农产品市场体系建设日趋完善，形成了收购、批发、零售、期货等多环节百花齐放、"线上线下"共同发展的格局，但在防范市场风险方面仍面临一定问题。在收购方面，我国形成了多元农产品收购主体的结构，同时，依法建立了健全的粮食收购市场准入制度；在批发方面，形成了以国家级批发市场为龙头、区域性批发市场为核心、产销地批发市场齐发展的批发市场体系；零售方面，多种零售方式齐头并进；在农村，有关部门积极开展"万村千乡"市场工程、"放心粮油进农村"活动等，粮油产品连锁配送经营有了很大发展。

在市场体系方面，我国的期货市场发展还相对滞后。期货市场在发现价格、规避风险等方面具有独特的优势。目前在我国期货交易所上市的商品中，有一半是农产品，但是与实际需求对比来看，农产品期货市场的发展仍然不足，最大的制约因素是狭小的生产规模。

为了促进期货市场和普通农户的对接，我国从模式上进行了诸多创新。其中最为主要的是农产品"保险＋期货"业务。期货交易所逐年扩大业务试点范围，期货公司则不断探索新商业模式：从价格险到收入险，包括场外期权、订单农业，"保险＋期货"业务模式越加丰富，但同时也面临着保险费用支持资金缺乏、农民收入保障不足、管理体系的市场化与商业化运作不充分等考验。总之，我国农产品期货市场的发展任重而道远。

（5）农产品标准化问题。农产品标准化建设是农业市场化理论中对于农产品同质性的必然要求、是现代农业的一个重要特征。中国农业市场化中，标准化建设存在的问题主要是：①标准陈旧。发达国家的农产品标准每隔2年或5年修订一次，而我国现行关于农业和食品技术部分的国家标准共2707项，80%以上的国家标准为5年前制定的。②标准建设缺乏系统性。长期以来，农产品标准制定的多部门性和多系统性，导致标准体系之间存在交叉重复现象，而又有许多遗漏项。我国现存农业行业标准以有关农业生产标准为主，而类似农产品加工、流通等标准仅仅是拾遗补缺，导致标准的配套程度低，互补性不强，尤为缺乏与主要农产品初加工相关的系列标准。③标准结构不合理。在国际标准体系中，农产品标准应兼具通用性的基础标准和检测方法标准。而我国现行农产品方面的标准结构不尽合理，基础标准占标准总数比例低；尤其是对农产品加工过程要素的覆盖不够全面，尚未建立对生产、加工、贮藏等环节进行规范的标准体系，一些过程要素标准缺失，如产品及加工用原料分级标准、技术操作规程、良好操作规范、全程质量控制标准等。④监管的长效机制。从执法的角度看，目前的农产品标准化工作能依靠的法律、法规条文较少，现有的《产品质量法》《标准化法》等相关法律、法规，所涉及农业、牧业和渔业领域的初级产品少，而《农业标准化法》又尚未出台，缺乏职责明确的农产品标准化执法体系，农产品标准化的推进就缺乏强有力的规范手段，也很难迅速走上正轨。而刚修订发布的《食品安全法》难以对农产品初级产品进行有效管理。

五、政策建议

中国特色农业市场化改革取得了举世瞩目的成就，但也面临一定的挑战，未来市场化建设中需要特别关注以下几方面的问题：

第一，明确政府的职责权限。在市场经济中，政府的职责是弥补市场的失灵，而农业领域的市场失灵表现得更加突出，为此，要做好以下几方面的工作：①由于粮食关系到国计民生，特别是在人多地少的中国，必须切实保障粮食安全；②由于我国人多地少、资源缺乏，必须切实狠抓水土资源的数量和质量保护；③由于农业具有净化空气、涵养水源、保持水土等多功能性，具有较强的外部性，在环境保护方面发挥举足轻重的作用，因而政府必须支持保护；④农业领域的基础研究，同样由于其周期长、风险大，具有较强的外部性，因而也是政府必须承担的职责；⑤市场化运作固然可以提高效率，但是市场化运作往往也会带来分配不公的问题，因此政府要在效率与公平方面进行权衡，保证社会的公平。

第二，推动政府机构改革。在明确政府职能后，需要积极推动政府机构的市场化改革，总体趋势是由原先的条条管理向"横向综合服务"转变，农业部门要能够控制农业产业的核心环节，同时能够协调其他相关环节。①党的十九大后，中央进行了国务院组成机构的改革，特别突出了资源、环境、农业和农村部门的作用，同时强化了监管和司法的作用，组建了国家市场监督管理总局，在国务院机构改革中迈出了重要一步。②目前的政府机构虽然进行了较大的调整，更大程度上具备了中国特色，关注资源与环境、关注市场监管，反映了主要依靠市场的特点。但未来，还需要进一步完善，将农业农村部的职能进一步扩充，不仅是负责农业生产和投资，而且要涵盖农业产业链的主要环节。③建议进一步强化部委联席会议制度，突出农业农村政策由农业农村部相关主要领导同志负责，其他部委配合；进一步强化农业统计和信息工作，建议部门数据由部门发布，避免部门数据与国家统计局的不一致。

第三，处理好商品和"准商品"的关系。准商品是指既有商品的特点，又不能完全按照一般商品对待。在农产品领域，需要彻底贯彻"口粮绝对安全，谷物基本自给"的方针，同时实行"棉油糖逐步放开，生鲜产品地产地销"。为此，谷物主要依靠国内自给，而且需要在保护土壤质量和保护环境的前提下，生产高质量的口粮。在此基础上，进行其他农产品的生产，除确保口粮和环境资源保护外，其他的生产经营活动主要由市场来调节。除口粮外，农业领域还有耕地也是一种准商品，中国特色的耕地（土地）不能与其他商品相提并论，耕地在中国农民的生活中，承担着更多的功能，包括生产资料、社会保障和农耕文化的传承等，为此，耕地的三权分置等改革很好地解决了作为"准商品"的耕地与市场的有效接轨。

第四，大力推进农产品标准化建设。市场的高效运转是建立在完善的信息基础上的，特别是商品的价格和商品本身的信息，是保证商品快捷及时流通的重要条件。特别是对于网上交易、电子商务，农产品标准化已成为一个重要的制约因素。理论上而言商品是同质的，而实际中的同质是难以做到的，为此需要大力加强标准化建设，保证不同商品之间可以快速比较，有助于生产和消费决策的制定。农产品的标准化涉及多方面，包括原料投入的标准、生产过程的标准、商品本身的标准等，为此需要大力加强相关标准的修订或重新制定，同时积极进行标准的实施和推广。

第五，进一步完善市场体系。目前我国已经建立了完善的市场化体系，包括收购、批发、零售和期货市场等，市场主体多样化，大大促进了市场的发展。但是在现行体系中，我国的期货市场发展相对缓慢，为此需要根据实践需要稳步推出相应的农产品期货品种，让更多的市场主体能以不同的方式参与期货市场，使期货市场成为平抑市场波动、分散农业风险的重要手段。当然，期货市场的发展必须置于严格的制度规范和政府监管之下。

第一章

中国农村市场的发展和演变[①]

　　农村市场的产生可以追溯到春秋战国时期出现的"集市"。在经历了 2000 多年的发展后，受现代因素的影响，农村集市开始转型和演化，集市承担的商品交换功能逐渐弱化。城市集贸市场逐渐被"超市"代替，一些传统的"庙会"也逐渐演变为提供"娱乐休闲"的一种方式。而在农场地区，由于农村劳动力大规模外流，社会阶层不断分化，在农村留守人口"老年、幼年两极化"的背景下，农村集市已发生了很大变化。目前，互联网、物流业、移动支付等新技术在广大农村地区快速发展，又进一步对农村市场产生很大的冲击。本章从我国农村集市的起源和发展的历史角度，探讨农村集市发展变化及其特点。

　　对于我国农村集市的研究主要包括以下几个方面：①对集市起源的探讨，如杨毅、龙登高等。研究表明，我国集市起源于春秋战国时期，至今已有 2000 多年的历史。②对某个年代集市的发展进行深入的研究。此类的研究比较多，如曲伟强、章义和和张捷、王庆成、白莎和万振凡、盛宪之、陆建伟等。这些研究多数集中在集市起源的春秋战国、宋代、明清、民国以及 1949 年以后。③对某一区域的农村集市的研究，如谢庐明、陈丽娟和王光成、贾贵

---

　　① 本章第一节和第二节部分内容应邀为纪念我国著名农史学家、经济史学家和农书目录专家王毓瑚先生诞辰一百周年研讨会（2007 年）所作，后以"我国农村集市的起源、分化与发展趋势"为题目收录于《历史视角中的"三农"——王毓瑚先生诞辰一百周年纪念文集》一书中。

浩、王庆成等。主要集中在山东、河北、华北、江西、云南等地区。④对推动集市发展因素的分析，如龙云、曲伟强、郭蕴静等。这些研究表明：人口的增加、农业和农村副业的发展、政府的政策、交通、农村非正式制度等是促使集市产生和发展的重要因素。⑤集市的功能及其对农村经济发展的作用等的研究如李玉红、谢庐明、许檀等。这些研究表明，集市的发展大大促进了农村经济的发展，同时在农村集市的发展过程中也带动了城市集市的发展。⑥将农村集市作为传统市场的一部分对农村和城市集市的发展进行的研究，如龙登高、施坚雅等。但由于这些研究仅仅将农村集市作为整个市场的一个部分进行考察，因而很难进行深入探讨。

总之，上述研究未能以农村集市为主线，从其产生到演变和发展进行系统深入的分析，包括集市起源的原因、发展的波动及其原因、集市的功能及其演变以及未来集市的发展等。本书将试图从一个更长的历史时期分析农村市场的发展，对上述几个方面的问题进行探讨。本章主要讨论农村市场的起源、发展和演变。

第一节　中国农村市场的起源和发展

在古代，我国农村市场通常称为"集市"。所谓集市，就是指一定范围的人们按特定的周期性时间间隔会聚于特定地点，在约定的定期集日里进行交易活动的现象。产品过剩和私有制是交换和商品经济产生的必要条件。集市交易，这一建立在交换基础上的经济活动形式，也是在个体所有制和出现了剩余产品之后而产生的。

一、农村集市的起源

农村集市的产生要追溯到春秋战国时期。春秋以前不存在农村集市，但到战国秦汉时期，"农民与市场联系的出现促使农村集市诞生"①。汉代与最基层

---

① 龙登高. 中国传统市场发展史［M］. 北京：人民出版社，1997：26.

的行政组织"里"并称的"聚",就是有固定集市的村落①。

农村的商品交易具有分散和零散的特点,其交易的时间和地点多变,对农民的交换极为不便,因而有些地方出现了"因井为市",战国时期形成了固定日期和地点的聚市,据记载"聚"中可能还出现了"丞"管理交易②。从聚市的产生来看,主要有5种形式:河岸湖畔来往便利之处、交通要道或战略要地、历史悠久的古老村落、物产闻名之地、边远地区也逐渐形成(参见附录1中的附表1)。

战国时期,虽然诸侯各据一方,但各国内部的交通运输随着商品经济的进步而发展。同时,在长期的大规模战争中,修建了诸多的军事交通线,而在战后这些都成为重要的经济命脉。春秋战国时期还开凿了众多的运河。它们对沟通各地商业往来、加强全国市场联系发挥了重要的作用。战国时期的交通运输条件,虽然仍然有限,但其进步很快。道路网络的改善、车船制作技术的提高,降低了运输成本,扩大了商品流通,从而推动了市场的发展。因而,从春秋晚期以来,传统市场一经产生就进入繁荣期,成为我国市场史上的第一次高峰。

但是,市场的繁荣,商人的大肆兼并,造成大量自耕农丧失土地,流亡失业,危及统治集团的财税、兵役等。因此,在西汉时期,汉武帝开始了大规模打击商人运动,自由经商转向了政府管制,政府将最重要的商品实行专卖。中国市场史上第一次高峰也到此画上了一个句号。从此,政府的专卖和干预市场一直伴随着中国的传统社会。

东汉时期,由于农机具的改进,个体综合型的生产力向大型化转变,豪强地主势力不断增强,个体小农家庭经济逐渐衰微,传统市场出现了"豪人货殖"③。

自汉末军阀混战到隋唐统一的400年间,是中国历史上最激烈的割据纷争

---

① 朱桂昌、李根蟠对战国秦汉时期的农村集市进行了深入的考察。详见:朱桂昌.古"聚"考说 [C] //纪念李埏教授从事学术活动五十周年史学论文集 [M].云南大学出版社,1992;李根蟠.从《管子》看小农经济与市场 [J].中国经济史研究,1995 (1).

② 龙登高.中国传统市场发展史 [M].人民出版社,1997:26.

③ 豪人即贵族、官僚和大地主,他们凭借种种特权,强势进行市场营利活动。

时代，也是中华民族大融合的时期。这一时期，出现了较大规模的大土地所有制下的地权转移，此阶段庄园经济占据了主流地位，庄园经济对市场商品供给、士族门阀地主对商品流通产生了重要影响。庄园的自然经济特征，使之在生产环节与成员消费上，都对市场很少形成需求，只局限于奢侈品之类，向市场出售的商品也很有限，这样市场长期萎靡就不可避免。而庄园内的为数众多的依附农，他们的生产与消费基本上在庄园内得到实现，从而使他们基本上与市场隔离开，这样使市场失去了战国秦汉时消费需求与商品供给的重要来源，传统市场处于长期的低落阶段。

三国两晋时期的战祸，使自给自足的自然经济更加强化，同时也进一步强化了庄园、屯田、占田等土地制度，直至南朝商品经济才渐渐恢复，在隋唐"均田制"下，市场进一步复苏，直到唐代中叶，传统市场开始进入新的历史阶段。

"均田制"在北魏隋唐实施，带来了唐前期一个半世纪的国家统一和社会安定，给小农个体生产创造了一个很有利的环境，形成了"贞观之治""开元盛世"。此时，铁农具进一步发展，农业生产力水平不断提高，水利事业在全国范围内普遍超过了前代，农作物品种不断增加，已出现了早、中、晚稻之分，农作物产量大幅度提高。"以唐代单位计，六朝时江南采用休闲制，每亩产量约为1.4石，而唐代一作制水稻达3石，稻麦复种制达4石。北方则已广泛实行粟、麦、豆、黍等多种作物的复种制"[1]。粮食产量的增加，使农民有了更多的剩余粮食可以出售，同时，也意味着更多的土地与劳动力可用于经济作物的生产。

因此，劳动效率的提高意味着商品性作物种植的深化，生产力的进步为商品经济的发展奠定了坚实的基础。农业生产者开始更多地去市场进行交换。唐代进入流通过程的农产品比战国秦汉时期多，米、麦、丝、麻、布、帛、竹、木，以及家禽、家畜之类，颇为可观。至于茶漆等经济作物产品，商品性更强，无疑大都进入流通过程。所谓"东邻转谷五之利，西邻贩缯日已贵"[2]，

---

① 李伯重. 唐代江南农业的发展 [M]. 北京：中国农业出版社，1990：83.
② 龙登高. 中国传统市场发展史 [M]. 北京：人民出版社，1997：108.

表明了农户剩余品进入市场。

二、农村集市的发展

唐代农村市场发展的突出表现，就是农村草市的成长。如前文所述，"聚"在战国时期已形成，农民在本村落或附近交通便利之处群聚交换，是其消费需求与商品供给的细小性与偶然性特征所决定的。众多的细小商品同时汇聚于集市之中，众多偶然不定的市场供给与需求同时出现于集市之中，聚少成多，形成一定的交易规模，为农民提供了来驻交易的方便。在南朝时出现的"村墟"集市就是这种"聚"的发展①。柳宗元在《柳州峒氓》中曾写道："郡城南下接通津，异服殊音不可亲；青箬裹盐归峒客，绿荷包饭趁墟人。"而在北方地区，则称为"会"②。

在集市的发展过程中，人们将民间自发形成的市场称为"草市"，与城内官府管制下的市场相对，史载最早出现于南朝。最初的草市，以城郭外的草市较为多见，因为城市与乡村接合部，在城市需求与乡村生产的双重带动下，市场率先活跃起来。"草市多樵客，渔家足水禽"③，这样的草市，主要是为城市服务。但同时，乡村草市，在农民商品供给与消费需求的刺激下也开始依稀出现。北方谓之店、草店，南方谓之墟、草市等。

在宋代，由于人口的增加，提供了更多的农业劳动力④，此时曲辕犁在很多地区也取代了直辕犁，对于改造低洼地，垦辟荒田，发挥了重要作用。因此，劳动力的增加和技术的进步，大大促进了生产力的提高，使农产品生产得到较快增长；同时，人口的增加和迁移，也刺激了对农产品的需求。两宋之交

---

① 刘宋、沈怀远《南越志》载："越之市为虚，多在村场，先期招集各商，或歌舞以来之。荆南、岭表皆然。"钱易《南部新书》也说："端州以南，三日一市，谓趁虚。"宋人吴处厚《青箱杂记》释此"虚"云："盖市之所在，有人则满，无人则虚。而岭南村市，满时少，虚时多，谓之为虚。"

② 北方地区，集市多在店举行，《广异记》即载有临汝郡官橐店，周围村民赴集之事实。有的县城，也以定期集市的形式满足居民的交易需要，如《水经注·江水》载，巴郡平都县，"县有市肆，四日一会"，鱼复县，"治下有市，十日一会"。

③ 李嘉祐《登楚城驿路十里村竹林次交映》，载《全唐诗》卷206。

④ 在宋代，人口得到较快的增长，普遍认为，当时的人口已突破1亿，而人口中，大多是小农家庭，他们约占宋代总户数的90%。

和宋元之交，都曾发生大规模的人口迁移。在上述供需双方的作用下，粮食等农产品市场得到了较快的发展。宋代商品粮的流通，冲破了战国秦汉以来"千里不贩籴"的古谚①，出现了一定规模的商品粮远距离贸易。

就农村市场的交易形态来看，当时形成了货郎交易和集市交易互补的并存形式，出现了农村集市交易体系的雏形②，包括货郎交易、定期集市、集会贸易和市镇常市（参见附录 1 中的附表 2）。

货郎交易，是由于个体小农交易的细碎性和间隙性应运而生的，他们沿村叫卖，逐户交易，特别是在周期性集市间歇期间，货郎交易起到了重要的补充作用。即使现在，在一些地区还存在货郎式交易的小商贩。

定期集市，作为农民群聚交易实现各自消费需求和商品供给的场所，在宋代得到更快的发展。集日，时称"合墟""趁墟"，一般以传统的干支纪时法来安排。两宋时期，集市得到明显的发展。集市数量增加，集日频率更为密集，交易规模也扩大。但乡村集市的主要功能仍然是农户之间的"有无相易"，交易商品主要是农民的生产剩余品和日用必需品。

集会贸易，是特殊形态的集市，它类似于西欧中古盛期的 fair（市集），与一般集市不同，集会，往往一年开市一次，间隔周期长，但阵容大，涉及的职业商人多，交易规模大，并波及较大的地域。源于宗教集会的庙会、道会，源于土地崇拜的"社会"，源于祖先崇拜的家族集会等，都属于这一类型③。有的地区这种集会贸易，甚至一直延续至今。

市镇常市，也是农民活动的天地，在两宋的发展具有划时代的意义。有的集市所在地演进发展为墟市、集镇，成为乡村经济中心地。中心地的形成类型还有：城市附郭草市与卫星市镇，地处交通要道因商业发展而为商道市镇，因

---

① 龙登高．中国传统市场发展史［M］．北京：人民出版社，1997：173．

② 与明清相比，宋代农民对市场商品供给与消费需求还相对较小，集市吸纳范围有限，从事集市贸易的专门商人也不活跃，还不具备形成集市贸易体系的市场基础，各地集市仍是个体的、分散的存在。

③ 四川青城山道会时，"会者万计，县民往往旋结屋山下，以鬻茶果"。两浙路奉化每年二月八日的道场，"观者万计"，"百工之巧，百物之产，会于寺以售于远"。四川阆州之岐平镇，"每五月初间，四方商贾辐辏，贸易以万计，号为岐平会"。

地方特产商品生产的扩大演进成为专业市镇，因军事、战略需要而设置的军镇。亦有因宗教因素而成长起来的市镇。

草市发展到一定规模，便出现官方建制，时人高承《事物纪原》说："民聚不成县而有税课者，则为镇。"官府委派监官管理镇内收税等一应事务。《宋史·职官志》："诸镇置于管下人烟繁盛处，设监官管火禁，或兼酒务之事。"宋代官方税收机构"务"（商税务、酒税务）、场（坊场、买扑坊场），大多置于州府县镇及其附近，亦有单独的场、务，它们与市镇相类。因为场、务所在地，必有足够的税收来源，亦即一定规模的人口与市场，纵或只是为了征收过税，势必也有为商人提供服务的种种设施和服务人员。在四川、贵州等地，宋代的"商务场、茶合同场、酒买扑坊场"等名称，明清时演变为市镇的专有名词，凡有"场"为后缀的地名，大多就是市镇。与此相类，岭南亦有将市镇谓之"务"者，这些显然是自宋以来发展的结果①。

第二节　中国集市贸易体系的形成

明清时期，是我国农村集市的再次繁盛阶段，表现在集市数量的增多和集日的增加，交易日更为频繁②。开集时间仍多沿袭自古以来的"日中为市"传统，但也有清晨开集者，亦可见夜间集市。湘西黔阳县集市，形成别具特色的夜市贸易③。这样，由于周围地区商品供给密度与需求密度小，因而只能以市场范围的扩大来弥补，以形成较大的交易量，集市的交易者有相当一部分来自路途较远的龙潭，清晨动身，傍晚方至，次日返回，刚好夜中为市④。各地方

---

① 龙登高. 中国传统市场发展史［M］. 北京：人民出版社，1997：188.

② 万历《华阴县志》卷1和隆庆《华州志》卷4记载，陕西西安府华阴县岳镇，原来集日为四、八日，即每月六个集日，万历时又增加四个，总计达每月十个集日。西安府华州的赤水镇，间日一集，每逢三日则一会。弘治《易州志》卷5记载，畿南保定府易州官街东西二市，"三日一小市，五日一大市"。

③ 乾隆《黔阳县志》："开夜市，灯火贸易，三更始罢，至日中之买卖反少，与别市不同。"

④ 张泓《滇南新语》描述剑川集市云："日落黄昏，百货乃集。树人蚁赴，手燃松节，曰明子，高低远近，如萤如磷。负女携男，赴市买卖。"

志所记载集市名称也日益多样，北方地区称为"集"，中原地区称"店"，南方（尤其江浙）地区称为"市"或"步"，粤闽桂及湘南、赣南等地多称为"墟"或"圩"，川贵及湖南西部称"场"，云南地区称"街子"，而彝族地区称"摆"①。

一、集市设立途径的多样化

明清时期集市创建途径的多样和形成时间缩短，大大促进了集市数量的增加。宋代以前的集市、市镇是在农民需求与供给的过程中自发逐渐形成，每个集市的形成需要较长时期。当集市的功能被人们逐渐体会之后，在市场供求的推动下，人们开始自觉开设集市，此时集市形成的时间大大缩短。具体来看，主要的形式包括：

第一，官府应民之请，开设集市，这种现象在明清比比皆是。农村集市的重要性日益为官府所认识，因此官府组织开设集市在各省较为普遍。比如，四川梓潼县石牛堡集场。石牛堡地当南北通衢，上距邑城，下至魏城驿，均三十里。乾隆三十七年（1772 年），朱知县准居民所请，兴建集场。"附近居民日用布帛、菽粟、农器、耕牛诸物，咸愿就近赶集交易，免致远历"。②

第二，乡绅在民间基层社会富有影响，在组建集市方面也发挥了重要作用。有的积极向政府反映民情，力促集市的开设，有的乡绅通过自身的号召力，发动乡村居民群起组织集市③，甚至有的乡绅出资设立集市，同治《德化县志》卷 39 载，该县郑报谷弃儒业贾后，独力出资三百缗，开通县城西市集。

第三，由宗族设立创建。宗族是民间社会的重要势力，由宗族设立与管理的集市也不少。山东单县的兴元镇，又称曹马集，据康熙《单县志·方舆志》，就是由曹、马二大姓主其集市而得名。福建、广东等地的宗族力量对基层经济的渗透很深，不仅占有相当数量的土地，拥有一定的经济力量，有的宗

---

① 龙登高.中国传统市场发展史［M］.北京：人民出版社，1997：188.
② 咸丰《梓潼县志·艺文志》，石牛堡兴场碑记。
③ 民国《南溪县志》卷 1 载，四川南溪县的毗庐场、刘家场，乾隆年间由乡人倡建，开市日分别定为"二五八场期""一四七场期"。

族也直接开设集市，便利族人，吸引商人。

宋代的集市、市镇多兴起于自发，而明清集市则很多是由官府、官僚、当地豪富、宗族顺应需要所创。这说明人们对市场重要性的主观认识有了提高，他们已经不只是自发地进入市场，而且能够自觉地推动市场的创设与发展。更重要的是，它表明市场的发展已具备一定的基础，或者说，市场的发育具有了一定的土壤，因而呈现加速发展的趋势，并且也只有当市场发展进入一定阶段后，人们才能自觉地把握它、推动它。如果缺乏市场环境，即使集市建立起来，也只会是一个空架子，没有商品，没有人交易。如顺治《淇县志》载，河南淇县的河口集市，设置后长期市场凋零，有名无实①。

二、集市形式的多样化：一般集市与集会型集市等并存

集会型集市，集期间隔长、集日延续期长，规模大，参加人数多，尤其是职业商人包括长途贸易商人卷入其中②。

一般集市，主要是农民的直接交换。江苏江阴县广福寺的观音会，嘉靖《江阴县志·风俗记第三》记载："吴会、金陵、淮楚之商，迎期而集，居民器用多便之，既月而退。"

集会型集市以华北最为突出，明清时期数量大为增加。嘉靖《广平府志》卷16记载，"畿南广平府，明初尚无庙会，正德初年开始出现，以永年之娘娘庙、曲周之龙王庙为盛，各方货物在会日之前即进入庙会场所，酒肆开张"。

集会型集市主要起源于各种宗教、原始崇拜、民间信仰等。道光《武陟县志·集镇》记载，县有香火会，主要用于"敬事神明，有祈有报，且因之以立集场、通商贩……县属城市乡村，会各有期"。药王庙会、关帝庙会、城

---

① 龙登高.中国传统市场发展史［M］.北京：人民出版社，1997.
② 如嘉庆《涉县志》卷2载"凡集镇皆分日市，本处人贸易日用之物，杨子所谓'一哄之市'；惟逢会市，则他处商贾多有至者"。道光《蓬溪县志》卷2记载，四川潼川府蓬溪县六月二十四日的城隍诞辰，先一日由各乡集资，入城与会演剧，为集会序幕。会日长达十天，"逢集不可数计，但见万首一黔，如蜂房而已。凡十日罢"。《暖姝由笔》记载，江西袁州府宜昌县的慈化寺"道场"，交易范围涉及周围65里之地，仅僧人就达四五千人。在高大的秀江桥两侧，各有店屋三十间，街市纵横，商贾辐辏。

隍庙会、观音庙会等，是各地通常的集会集市。

各地的山神集、道场、庙会，及各地特殊民俗所形成的集会，形形色色，名目繁多，数不胜数。如山神集会，名山雄峰，在人们的心目中，是钟灵毓秀的神的造化，人们对她顶礼膜拜，于是形成山会或山集，各地名称因山或因神而异。

集会的名称多数只代表其祭礼的对象，而与交易商品种类没有关联，如药王庙会并非药材专业集市。保定府的药王庙会，在雄县之南、任邱之北的郑州城外，专祀扁鹊，历史悠久，香火颇盛。"每年四月初，河淮以北，秦晋以东，宣、大、蓟、辽诸边各方商贾，辇运珍异并布帛菽粟之属入城为市。京师自勋戚、金吾、大侠以及名倡丽竖，车载马驰，云贺药王生日，幕帘遍野，声乐震天，每日盖搭蓬厂，尺寸地非数千不能得。贸易游览，阅两旬方渐散"。万历扩建后，药王庙会规模更加扩大[1]。

庙会多数是生产资料的专业集市。农民的农具，如犁、耙、锹、锄等，木制、竹制、石畚箕、竹箩、水车、石磨等，通常在附近的集市或庙会上购买。江苏省江阴县，凡农具、耕牛等牲畜，多在春夏间各乡镇集期上交易。例如，"四月八日，僧尼作浴佛会；十三日，申港季子墓集场，商贾辐辏，买农具者悉赴"[2]。河南宜阳县四月间"祭城隍，商贩如云，街市农具山集"[3]。有的直接以交易商品命名，比如河南省鄢陵县，县城西关四月间有"农器会"。有的专业集会并非四季举行，而仅限于专业商品的交易旺季。广东肇庆府高明县的揽冈墟，"每年八月三六九日集，专鬻牛，至十月终散"[4]，三个月内集中了27个集日，可见集市频繁。专业集市北方尤为普遍，既包括集会型集市，也包括一般性集市（参见附录1中的附表3）。

三、农村集市的分化与集市贸易体系的形成

（1）集市的规模与层级差异。明清时期日益增多的集市，其交易规模、

---

① 《万历野获编》卷24。
② 道光《江阴县志》卷9。
③ 光绪《宜阳县志》卷6。
④ 康熙《高明县志》卷2。

商品种类、辐射范围等方面，都呈现不同的特点，集市形态形成明显的分化和层次结构。主要有以下几种情况：

第一，原始形态的集市。在一些落后地区，仍然存在比较原始形态的集市，交易商品局限于农户剩余产品，有的集日尚不确定，发育很不充分①。只有到收获季节，农民才有商品出售，也才具有购买能力，集市在此时才举行。陕西省榆林县，治所周围村落散处，虽附城附堡之地，居民也很寥落。道光《榆林县志·市集志》载："其市集数所，每岁仅二三集，每集只二三日。集中货物，自内地出售者，不过布帛粮食；自蒙古来者，不过羊绒、驼毛、狐皮、羔皮，间有以牛驴易粮食者。"需求稀少，集市稀落，开市期亦少，全县全年不过开市一二十日而已。

第二，中小型集市。大多数的集市是周围一定村落范围内农户交易的场所，职业商人涉入不多，但集期规范，为农户实现消费需求与商品供给所不可缺少。此类集市，交易商品以农产品居绝大多数，多数为互通有无满足广大农民日常所需，或者农民出售后由商贾贩卖到城市，满足城市各类居民之所需。

此类交易的特点：交易细碎，交易量不大。多数集市上有一些临时性的简易设施以供交易，方便大家使用。有记载集市上"无廛舍，逢市架木覆茅，以为贸易"②。这种临时性的设施在广东多称为"墟廊"或"墟亭"，与常设的市肆、店铺相区别。

第三，大规模的集市。明清时期，各地也出现了一批较大规模的集市，贸易的发展吸引了较多的职业商人。广东广宁县的墟市，"懋迁货物，如绸缎、布匹以及山珍海错与各色服食之需，皆从省会、佛山、西南、陈村各埠运至，非本土所有"③。而珠江三角洲各县的商人，则至此收购竹木，推销日用百货，由此墟市与高层中心地的商品往来密切。韶州府浮源县营埠市，这里出产棉花、芝麻、葛芋，交通繁忙，水陆通湖南之郴州、广西之桂林，吸引着邻省商

---

① 河南内乡县的丹心店、菊花店等，"坐落偏僻，物货不凑，乃以居民随处随时相互贸易，不以集拘"。
② 康熙《新郑县志》卷1；乾隆《潮州府志》卷。
③ 道光《广宁县志》卷12。

人 500 余家，尤以广西商人最多①。这些集市中的商品，不仅有农户剩余产品，也出现较高消费层次的奢侈品、非日用品，它们直接与高层中心地和外地市场连接。

（2）集市贸易体系的形成。宋代集市尚未形成等级体系，而明清集市的增多，不同层次集市的出现，形成了互补、共生共续的集市贸易体系。邻近墟集群，集期相错，许多地方还形成了专门的名称，反映了集市间的相互联系和集市的繁荣（见附录 1 中的附表 4～附表 6）。

在集市贸易体系形成的过程中，大型集市的分解也是不可忽视的。随着农村市场进一步发展，商品供给与需求增多，集市贸易体系继续加强。但新增集市的出现，原有集市集日的增加，使原先以县为单位的较大规模的集市贸易体系开始逐步分解，形成了更小范围的多个小的体系。这样，单个集市的规模缩小，覆盖的地理范围缩小，但集市的个数增加，集市总体的服务范围大大扩大。山东省济南府莱芜县的嘉靖县志记载，共有 17 处集市，都是一旬开集两日。全县每天至少有两处开集，多者达每日五集。

有的集市，还分成大市、小市。山东有"大集""小集"之分。道光《长清县志》载，该县张夏等 10 处大集，其余通村等 26 处则为小集。四川广安州，宣统《广安州新志》记载，大市率万人，小市亦五六千；庙会也有大小之分。山西《太谷县志》卷 3 记载，"四乡商贾以百货至，交易杂沓，终日而罢者为小会。赁房列肆，裘绮珍玩，经旬匝月而市者为大会。城乡岁会凡五十五"。

清代形成的集市贸易体系，也存在着区域的差异。①在开发起步不久的云贵，县城以下基本上不存在常市，即使县城的常市也很稀落。交易大体由各种集市组织。其中各地的定期市，多停留于原始形态，不少会市则相对热闹，规模较大，组织较大范围的贸易。②在四川，集市贸易体系发育较为完整，在农村市场上占有重要地位。③在岭南，集市多设于墟市之中，并和墟市之常市互为补充而发挥作用。以常市满足周围地区交易的需求，而以墟集来吸引职业商

---

① 康熙《浮源县志》卷 4。

人和远方商品。④在华北农村，集市与庙会在市场中起着很大的作用，而市镇之常市则不显著。集市主要是小范围内农民的低层次交易，庙会则是较大地域的贸易，职业商人和远方商品汇聚。在华北的一些地区，集市较少，所见多为集会贸易，也就是说，由集会贸易来完成市场功能。⑤在传统市场发育最高的江南，集市贸易已为城镇常市交易所替代，在城镇常市贸易发达的氛围中，集市贸易的作用与地位很不显著。江南与华北的庙会也各具特色，江南庙会经济功能逊于华北，而娱神娱人的消闲娱乐色彩浓厚，大型庙会或游神活动多由当地商人或团体筹办①。从上述地区差异的比较，可以发现集市贸易体系与商品经济的发展程度大体成正比。

民国时期，不论是北洋军阀统治时期还是国民党统治时期，由于战争频繁，集市不断受到破坏，农村集市发展缓慢。在革命根据地内，农村集市——"红色圩场"得到快速发展。在革命根据地的经济建设中，党中央非常重视商业和传统集市的建设，制定了一系列保护商业的政策。1927年6月，在江西宁冈县创建了第一个"红色圩场"——宁冈县大陇圩场。后来，红色圩场在革命根据地快速发展。

四、中华人民共和国成立初期农村集市的特点

中华人民共和国成立后，我国进入了一个资本主义经济的社会主义改造时期，即过渡时期，中央提出在一个相当长的时期内，逐步实现国家的社会主义工业化，逐步完成对农业、手工业和资本主义工商业的社会主义改造，从而建成社会主义社会，农村市场的改造也是整个经济结构改革的一部分。在社会主义改造之前，我国的农村市场很不发达，呈现如下的特点：

（1）市场容量小。中华人民共和国成立后，封建的土地所有制逐步改革为农民土地所有制，由于小农经济的生产率不高，主要是自给自足，商品化程度比较低。据统计，全国农业商品产值占农业总产值的比重，1953年和1954年分别约为25％和32％②。由于农村商品经济很不发达，农民购买力低，既不

---

① 赵世瑜. 明清江南庙会与华北庙会的几点比较［J］. 史学集刊，1995（1）.
② 楚青，朱中健，王志明. 我国农村市场的改组［M］. 北京：中国财政经济出版社，1957.

能提供大量的商品粮食和工业原料，也不能成为工业品的广阔市场。

（2）市场主体大部分是小商小贩，同时商业和农业的分工不明确。许多农民亦农亦商，农忙时务农，农闲时经商。市场主体主要是这些小农。据统计，1954年资本家仅占私商的1.7%[①]。另外，由于长期的封建统治，农村私商占有的土地较多。商人兼有土地的特点是由中国封建的社会制度决定的，由于土地可以自由买卖，对于土地偏爱的商人将其盈利也大量用来购买土地，然后再租出去，从而获得更加可靠的收入。

（3）农村市场的分布面广，区域特色明显。我国地域辽阔，各地经济发展和自然条件相差较大，各地的土特产品种类多，数量少，往往主要在当地流通，市场的地方性特点明显。另外，由于交通不是很发达，即使一些大宗商品，各地的差价也较大。还有，我国是一个多民族的国家，在不同的少数民族聚居地区，又形成了其独具特色的少数民族的集市。

（4）农村集市的季节性明显。在小农经济背景下，商品交换的特点是为买而卖。受农业生产的季节性影响，农村市场也呈现明显的季节性。在收获季节，商品交换比较集中，市场旺盛；当青黄不接时，农民收入少，市场交易少，比较冷淡。

第三节　新中国成立后农村集市的发展

新中国成立后，农村集市贸易经历了多次"起落"。成立初期，农村集市贸易的传统基本上被保留下来，并在一定程度上得到了恢复和发展。但粮食统购统销政策的实行，使农村集市的发展受到一定程度的影响。1956年经过社会主义改造后，农村集市逐渐开放。但1958年人民公社化兴起，农村集市贸易又趋冷落。为应对此局面，政府进行了政策调整，农村集市贸易又重新活跃起来。但1963年在"社会主义教育运动"中整顿市场，农村集市贸易也受到

[①] 楚青，朱中健，王志明. 我国农村市场的改组［M］. 北京：中国财政经济出版社，1957.

波及。"文化大革命"开始后，集市贸易被当作"资本主义尾巴"而遭禁止。1978 年以后，党和政府制定了一系列发展集市贸易的政策和措施。1983 年 2 月，国务院发布《城乡集市贸易管理办法》标志着我国集市贸易开始进入法制化轨道。

一、农村集市和商业的改造与发展（1949～1956 年）

在上述市场的基础上，我国开始了农村市场的改造，主要经历了两个阶段，即 1949～1952 年的国民经济恢复时期和 1953 年开始的大规模计划建设时期。

在经济恢复时期的市场改造，主要是将地主和官僚资本所操纵的农村市场改组为社会主义经济下的、服务于改善人民生活与恢复及发展生产为目的的市场。主要进行了三方面的工作：一是大力发展社会主义商业，特别是发展供销合作社，将供销合作社作为社会主义商业的重要组成部分；二是积极恢复和发展城乡物资交流，寻找和扩大农副产品的销路，在增加农民收入的基础上扩大工业品在农村的销路；三是鼓励私营工商业的发展。国家实施了调整工商业的政策，在价格政策、商品经营范围、税收、交通运输等方面给予私营工商业者一定的便利条件，鼓励其在国营经济的领导下，改善经营管理，面向农村，扩大农村市场。在这一时期的改造过程中，对于出现的一些问题，政府也适时进行了打击，比如"三反""五反"运动[①]即是对一些不法工商业者的打击。

在经济计划建设时期的市场改造，就是要将多种经济并存的市场改组为统一的社会主义的市场。1949 年后经过土地改革，农业生产不断得到恢复和发展，中农逐渐成为农村中的多数，一些富裕的农民不愿意参加互助合作，不愿意将余粮卖给国家，而是通过投机商贩，在自由市场上高价销售。此阶段，农村私商跨行跨业进行活动，尤其是倒卖粮食比较普遍。为此，国营商业通过扩大对私营工业实行加工、订货、收购、包销等措施逐渐掌握了主要工业品货

---

① "三反""五反"运动是 1951 年底到 1952 年 10 月，中华人民共和国在党政机关工作人员中开展的"反贪污、反浪费、反官僚主义"和在私营工商业者中开展的"反行贿、反偷税漏税、反盗骗国家财产、反偷工减料、反盗窃国家经济情报"的斗争的统称。

源，切断了商业资本与工业资本的联系。同时，在物价稳定的基础上，缩小批零差价和地区差价，压制私人商业的空间。另外，对关系到国计民生的农产品，比如粮食、油料实行统购统销。这一时期，政府也加强了对市场的管理，有力打击了囤积居奇、投机倒把等行为。

1956 年，全国实现了工商业全行业的公私合营，标志着社会主义统一市场的形成。这时，除了国营商业和合作社集体商业外，集市贸易也得到保留。集市交易作为国营商业和集体合作社的补充，主要从事如下贸易活动：第一，社队（人民公社和生产队）在完成国家计划外剩余的产品，同时有些产品也是国家和集体商业不便于收购的，这就需要在自由市场上交换，以调剂余缺。第二，社员生产的牲畜、鲜蛋及粮油、棉等，在完成国家统购派购任务后，自给有余的产品。第三，各地的一些零星细小的土特产品、海产等容易变质霉烂，不宜由国家和集体集中销售。第四，国营商业和合作社等当地不能生产，但是人们又有需求的需要从外地采购的商品等①。

1956 年 10 月 24 日，国务院发出了关于放宽农村市场管理问题的指示。从此，在社会主义统一市场内，国营商业、合作社商业和集市贸易三条商品流通渠道互为并存，各自发挥应有的作用。

二、农村集市和商业的曲折发展（1957～1977 年）

1957 年后正当农村集市迎来可喜的发展之际，1958 年农村集市又因一些原因受到了严重的冲击。虽然政府采取了一些措施进行纠正②，但集市贸易又趋于冷淡，这导致 1959 年上半年，市场供应全面紧张，不仅肉食副食供应困难，就是蔬菜水果等也不易买到，商品价格骤涨，集市贸易全面衰落。1959年下半年，党和政府对恢复和发展农村集市贸易作了明确指示，颁布了一系列政策，农村集市贸易又重新活跃起来。1961 年全国集市数量达到 4.14 万个，此后四年维持在 3.70 万～3.87 万个（见表 1-1）。

---

① 钟兴永．中国集市贸易发展简史［M］．成都：成都科技大学出版社，1996：8.
② 1959 年 9 月 23 日，《中共中央、国务院关于组织农村集市贸易的指示》出台，这是进入社会主义后，党和政府关于集市贸易的第一个纲领性文件。

表1-1 农村集市数量和商品成交额（1961～1977年）

年份	1961	1962	1963	1964	1965	1974	1975	1976	1977
集市数（万个）	4.14	3.87	3.85	3.81	3.70	3.20	3.12	2.92	2.99
商品成交额（亿元）	137	164	105	78	68	114	105.5	102	105

资料来源：《中国市场年鉴》（1993），国家统计局。受"文化大革命"的影响，1966～1973年的统计数据缺失。

1966年"文化大革命"爆发，全国各行各业都受到了巨大冲击，农村集市也受到很大影响，1974年农村集市数量下降到3.2万个，1975年进一步下降到3.12万个。随着"文化大革命"接近尾声，1977年开始农村集市逐步回升，由1976年的2.92万个上升到1977年的2.99万个。改革开放后，农村集市迎来了长期发展的时代，1978年集市数量增加到3.33万个。

三、农村市场快速发展（1978～1984年）

1978年我国开始改革开放，提出将不断改革传统的计划体制，逐渐引入商品经济①的成分；1984年明确提出了实行"有计划的商品经济"，允许个体私营经济发展，国民经济逐步活跃起来。因此综合来看，本阶段主要是由高度计划体制到允许个体私营经济发展，并提出有计划的商品经济体制，农产品市场处于"快速发展"阶段。1978年党的十一届三中全会以来，我国开始了对高度集中的计划经济体制的改革，逐步允许商品经济发展，并在1984年的党的十二届三中全会上，明确提出建立有计划的商品经济体制，开始逐步培育市场体系。城乡集市数量也呈现较快增长（见图1-1），全国集市数量从1978年的33302个增加到1984年的56500个，年均增速6.38%。城市集市年均增加22.51%，乡村集市年均增速为5.38%（见表1-2）。

---

① 商品经济是市场经济的初级阶段，商品经济下出现了私人买卖交易，逐步出现了市场，但还不能真正称为发达的市场经济体制。

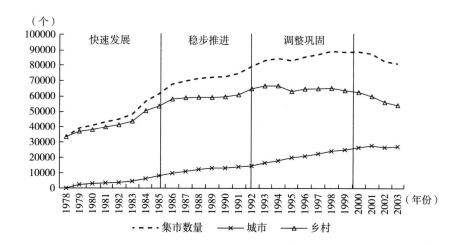

图 1 - 1 1978 ~ 2002 年我国城乡集市数量

资料来源：历年《中国统计年鉴》。

表 1 - 2 1978 年改革开放以来城乡集市数量与集市贸易成交额

年份	数量（个）			成交额（亿元）		
	集市	城市	乡村	集市	城市	乡村
第一阶段：农产品市场快速发展						
1978	33302	—	33302	125.0	—	125.0
1979	38993	2226	36767	183.0	12.0	171.0
1980	40809	2919	37890	235.0	24.0	211.0
1981	43013	3298	39715	287.0	34.0	253.0
1982	44775	3591	41184	333.1	45.2	287.9
1983	48003	4488	43515	385.8	55.9	329.9
1984	56500	6144	50356	470.6	80.3	390.3
第二阶段：农产品市场稳步推进						
1985	61337	8013	53324	705.0	181.0	524.0
1986	67610	9701	57909	906.5	244.4	662.1
1987	69683	10908	58775	1157.0	347.1	810.8
1988	71359	12181	59178	1621.3	545.3	1076.0
1989	72130	13111	59019	1973.6	723.6	1250.0

年份	数量（个）			成交额（亿元）		
	集市	城市	乡村	集市	城市	乡村
1990	72579	13106	59473	2168.2	837.8	1330.4
1991	74675	13891	60784	2622.2	1079.2	1542.9
1992	79188	14510	64678	3530.0	1583.0	1947.0
第三阶段：农产品市场巩固调整						
1993	83001	16450	66551	5343.0	2562.4	2780.6
1994	84463	17880	66583	8981.6	4569.1	4412.5
1995	82892	19892	63000	11590.1	6176.4	5413.7
1996	85391	20832	64559	14694.9	7882.5	6812.4
1997	87105	22352	64753	17424.5	9468.8	7955.7
1998	89177	24127	65050	19835.5	11042.8	8792.7
1999	88576	24983	63593	21707.8	12325.7	9382.1
2000	88811	26395	62416	24279.6	13800.4	10479.2
第四阶段：实体市场升级，线上销售兴起						
2001	87418	27663	59755	24949.4	14319.7	10629.7
2002	82498	26529	55969	25975.7	15140.1	10835.6
2003	81017	27006	54011	26497.5	15447.5	11050.0

资料来源：《中国农村经济统计大全（1949－1986）》，中国农业出版社。历年《中国统计年鉴》，中国统计出版社。2003年后，重点对规模以上（成交额1亿元）的市场进行数量和成交额的统计。

在此背景下，我国经济也实现了快速发展，1984年GDP实际增速（扣除通货膨胀，下同）达到20.89%，1985年达到17.53%，经济较快繁荣，这也进一步使政府坚定了推进市场化的决心。

四、农村市场改革稳步推进阶段（1985～1992年）

商品经济是市场经济的初级阶段，向市场经济迈进是我国改革开放的坚定目标。本阶段的主要特点是"市场调节"和"政府计划"并存，但市场的成分逐步增加。农业领域的最主要表现为"双轨制"，市场收购和政府计划收购双轨并行。为了进一步推进市场化改革，1992年在党的十四大上，中央明确提出了建立社会主义市场经济体制的伟大战略，中国的市场化步伐进一步加快。同时，这一制度在当时中国恢复关贸总协定（GATT）的谈判中得到各成员的认可和肯定，中国对外开放的步伐也加快。1992年和1993年我国的GDP增速更是分别达到31.24%和36.41%。

本阶段城乡集市数量稳步推进（见图1-1），但集市数量的增速比前一时期放缓，全国集市数量从1984年的56500个，增加到1992年的79188个，年均增速4.31%。城市集市年均增加11.34%，乡村集市年均增速则降为3.18%。在数量增速放慢的情况下，我国集市成交额则快速增长。1985~1992年，集市成交额由705.1亿元增加到3530亿元，年均增长28.64%，城、乡集市成交额年均增速分别达到45.16%和22.25%。

五、农村市场巩固和调整阶段（1993~2000年）

1992年我国明确提出以市场调节为主、政府调控为辅的方针，市场化改革和对外开放相互促进，均取得重要进展，农产品市场进入巩固调整阶段。1993年党的十四届三中全会特别指出，建立社会主义市场经济体制，要使市场在国家宏观调控下对资源配置起基础性作用，并提出要进一步转换国有企业经营机制，建立适应市场经济要求、产权清晰、权责明确、政企分开、管理科学的现代企业制度。2001年中国加入WTO，为改革和开放注入了更大的活力。

本阶段农产品市场进入巩固调整阶段，表现为市场数量减少，但集市交易额继续快速增长。1993~2000年，城乡集市总数从83001个增加到88811个，年均增加1.44%，但农村集市数量则从66551个减少到62416个，年均减少0.44%。同样，城乡集市交易额则持续增长，同期年均增速分别达到31.08%和23.42%。可以看到每个集市的成交额快速增加，集市功能增强。

六、农村市场快速发展（2001年至今）

2001年以来，市场化改革进一步推动，对外开放取得巨大进展，效率和公平兼顾，经济和社会更加协调。农产品市场发展进入线下和线上共同发展阶段。在科学发展观思想指导下，我国开始转变经济发展方式。同时，加入WTO后我国对外开放的步伐日益加快，改革和开放都取得巨大成就。更多的市场主体得到发展，标准化和信息化建设取得快速发展。在为企业松绑方面，2001年政府启动了行政审批改革，为企业自由进入和退出一个行业创造了更加宽松的环境。据统计，2001~2012年国务院已分6批共取消和调整了2497项行政审批项目，占原有总数的69.3%。2014年，又进一步取消和下放58项行政审批项目，取消67项职业资格许可和认定事项，取消19项评比达标表彰项目。2016年又进一步取消152项行政审批。

本阶段城乡市场不断升级，特别是在2012年后，市场数量、市场营业面积逐年下降，但市场成交额仍然在增长（见图1-2），2018年市场成交额达到10.937亿元，比上年增长1.04%。同时，在快速发展的物流业支持下，网上交易迅速发展起来。国家统计局从2015年开始公布网上零售额数据，可以看到2018年我国网上零售额达到9.01万亿元，比上年增长23.9%。2015~2018年，网上零售额年均增速达到32.4%，网上销售在城乡爆发式增长。

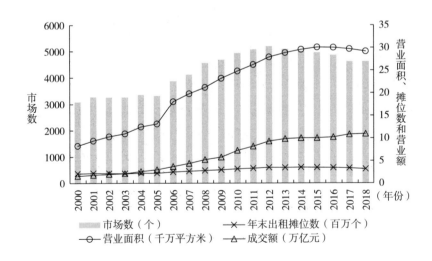

图1-2　2000~2008年我国亿元以上集市情况

资料来源：历年《中国统计年鉴》。

第四节 从传统集市到现代农村市场

一、农村集市的功能与转变

目前，在经济全球化的背景下，在农村经济结构和社会结构发生较大转变的背景下农村集市将会呈现什么样的发展趋势？这需要从集市产生和发展的动力以及集市的功能等方面进行分析。

从集市的产生及其2000多年的发展可以看出，其发展主要受以下因素的影响：①农业生产的发展，生产力提高，出现剩余产品。②分工的发展，出现了交换的需求（包括对生产资料的需求和消费品的需求）。各个朝代的农村集市的发展都体现了上述两个方面的原因。③人口的增加和迁移。人口的增加，可以使劳动力增加，从而促进生产，增加产品供给。同时，人口的增加也增加了对农产品消费需求的增加。而人口的迁移，则在迁入地导致迁入人口对经商服务的需求增加，这样也大大刺激了集市的发展。宋金时代的人口大迁移，在很大程度上促进了集市的繁荣，就是这个道理。④政府的扶持和调控。清代集市的设立和发展，在很大程度上受到政府的重视和扶持。当然，除了上述因素外，还有其他的因素，比如交通。特别是在不同的年代，还会有不同的因素，比如目前由于诸多现代因素的冲击，农村集市也呈现新的发展趋势，其功能也发生了不同的转变。

从集市的产生和发展可以看出，集市是集生产、生活、休闲娱乐于一体的产物。集市的功能主要包括：

（1）商品交易功能。交换商品是集市最初和最基本的功能。包括生产工具、生产资料和产品的买卖。另外，在集市上，人们还可以进行服务的交易，比如裁缝、剃头、看病、拔牙掏耳朵、磨刀、配钥匙、雕章、卜卦算命、看相测字、钉蹄掌、骟猪阉鸡，等等。

（2）传统商业文化的传承功能。在集市交易中，伴随着商品的交易，还

33

传承着许多民间的传统交易习俗，包括买卖过程中的讨价还价、叫卖吃喝声、特定类别商品和服务标志性的敲打声、民间特有的计量工具和方法、招牌幌子。所有这些都反映了特定的交易习俗。

（3）独特的饮食习俗文化功能。传统集市中的饮食文化也是独具特色的。众多来赶集的人为饮食服务的产生提供了场所。在集市中，既可享受美味可口的地方小吃和乡土风味，还可以领略到独特的酒文化、茶文化，等等。

（4）集市中的传统社交功能。过去，在广大农村由于交通不便，传播信息手段落后，定期的集市、庙会就起到了亲戚朋友之间沟通和信息传递的作用，满足村民社会交往的需要。每逢集市和庙会日，附近村庄的居民，甚至相当远的村庄居民，都要前来赶集赴会、走亲戚。这种人与人之间的"非正式制度"，是集市能够长久不衰的重要原因。

（5）集市中的娱乐文化功能。在娱乐生活简单的农村，赶集逛会就成为民间的"狂欢节"，家家户户都盼着集日的到来。在集市上，人们除了可以购买到自己所需的商品外，还可以欣赏到很多民间文艺表演。过去，在集市或庙会上拥有雄厚实力的店铺或具有初级行会性质的商会，都在大型庙会之前，出资或集资邀请一些剧团进行助兴演出，以招徕顾客。集市庙会时，说唱、乐舞、曲艺、百艺杂耍、斗鸡赛雀、魔术和武术表演、西洋镜以及各种民间游艺表演异彩纷呈。

但从目前来看，上述这些功能正在发生较大的转变。

首先，由于受到乡村超市、供销社和商店日益繁荣的影响，集市贸易的功能逐渐褪去，再加上交通的便捷，广大农民也可以随时去县城甚至大城市进行商品和服务的交易，使集市交易功能的需求没有过去强烈。

其次，由于广播电视和网络在农村的逐渐普及，人们的休闲娱乐方式也日益丰富，再加上农历春节期间，多数农村地区都会有各种集体娱乐活动，使广大农民对平时的集市活动的需求也不再像过去那样强烈。

最后，从目前来看，对农村集市冲击最大的是农村劳动力向城市的转移。目前，有近2.9亿劳动力从农村转移了出去，这些转移出去的劳动力，恰恰是传统集市中最活跃的分子，留在农村的多数是年龄较大的老人或妇女劳动力。

由于农村劳动力的流动，在广大农村地区出现了"空洞化"，形成了"有村无人（或少人）"的局面。这也使农村集市不再像从前那样活跃、不再具有很强的生命力。一些规模小的集市将面临越来越萧条的局面，原先较大的集市也将面临挑战。

总体来看，农村集市的发展趋势呈现如下特点：从商品交易功能向文化功能转变，小型的集市向大型集市演变，平时的集市向传统春节期间的集市转变。因此，集市的发展越来越表现出正的外部性，要维持典型集市的发展，政府必须采取一定的措施进行扶持，可以采取结合当地特色，突出传统集市的文化特色，实行"集市"搭台，"文化或旅游"唱戏的模式，这样才能促进集市健康的发展。

二、现代农村市场体系

上述介绍反映了传统农村集市是在小农经济、自给自足的基础上发展起来的，这也注定了其发展的曲折性和渐进性。在 20 世纪绝大多数时间里，农村集市发展困难重重。但农村集市基本满足了小农经济和 1949 年后社会主义改造以及社会主义初级阶段农村经济发展的需要。

随着 1978 年改革开放政策的实施和不断深化，1984 年我国提出了建立有计划的商品经济体制，商品交易又日益活跃起来，特别是 1992 年提出建立社会主义市场经济体制后，多种形式的市场不断建立，现代化的市场体系不断完善。

目前我国现代农村市场体系，可以用图 1 - 3 来表示。在我国现代农村市场体系中，既有发达的产品和服务市场，也有发达的要素和投入品市场，同时在对外开放的背景下，我国广大农村地区也日益与国际市场联系在一起。

从产品和服务市场来看，我国既有现货市场也有期货市场，具有相互联系的收购、批发和零售市场，同时期货交易也日益活跃起来。截止到 2019 年底，在我国期货上市的 57 种期货和期权品种中，农产品占到 29 种。虽然期货交易所并不设在农村地区，但农产品期货市场的参与者则与农业生产和市场密切相关。

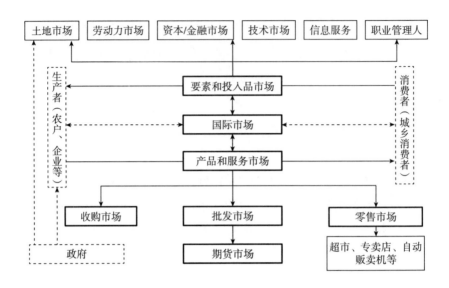

图 1-3 我国现代农村市场体系

从要素和投入品市场来看，我国已建成了全国统一的土地使用权流转市场、劳动力市场和不断完善的金融市场，这三大传统要素在农村地区实现了完全的自由流动。与土地和劳动力市场对比，农村金融市场发展相对滞后，即使这样我国也已培育了大量的农村金融市场主体，包括多种形式的商业银行、政策性银行、村镇银行、合作社金融、贷款公司、民间借贷以及多种形式的小额信贷等。利率的市场化改革也在不断推进。

从国际市场来看，随着中国 2001 年加入 WTO，特别是 2013 年中央提出"一带一路"倡议和陆续建立的"自贸区"以及"新型城镇化"建设，广大农村地区逐步与国际市场紧密联系起来，再加上线上交易的快速发展，中国的现代农村市场体系这张大网在不断完善，并且不断向国际市场扩展。

与传统农村集市相比，现代农村市场具有以下几个特点：①主体多元、客体多样、区域广阔。在农村市场交易的，不仅仅是农民和当地城镇居民，主体更加多元化；交易的产品（客体），也不仅仅是简单的农产品和生产资料等，包括了各种各样的初级农产品和加工品以及服务；从地域来看，基本打破了空间的限制。除了现场交易外，电子商务和发达的物流将远在外地甚至国外的购买者聚合在一起，大大活跃了农村市场。②传统和现代共发展。目前我国农村市场形式多样，既有大型商场、连锁超市、专卖店、自动贩卖机等，也保留着定期和不定期的集市，对传统的集市贸易进行了大幅度的扩展。随时随地为广大农村生产者和消费者提供交易需要。③现货和期货同进步。我国的现代市场的一个突出表现就是期货市场的发展，20世纪90年代中期，期货市场在我国快速发展，它既满足了广大农业生产经营者规避市场风险的需求，也为剩余的资本增加了一条投机的渠道。④线下与线上同交易。随着农村信息高速公路建设（金农工程等），我国农村地区的互联网快速普及，有线和无线网覆盖到每个地区，很多村庄都建立了"信息服务站"，出现很多"淘宝村"等，很多农户通过电子商务销售农产品和购买生活用品。⑤现金和移动支付通结算。在产品市场电子化发展的同时，支付手段和金融市场的电子化也快速推进。移动支付也日益进入平常家庭，移动支付大大方便了小额的交易，极大提高了交易效率。在农场交易中也出现大量移动支付，形成了现金结算和移动支付共发展的局面。

从上述的分析可以看出，虽然农村集市已有2000多年的历史，但是农村市场翻天覆地的变化，还是在1978年改革开放以来，本书后面章节将集中在改革开放以来，对我国市场化改革的理论和模式进行分析。

第二章

中国农业市场化改革的理论思考

中华人民共和国成立后，在较长一段时间内计划和市场一直被认为是两个相互对立、难以调和的矛盾，甚至是一种你死我活的社会主义和资本主义根本路线的对抗。但是 20 世纪 70 年代末以来，政府对计划和市场有了全新的本质上的认识，两者并不是表面看上去那样存在不可调和的矛盾，不是根本对立，相反两者都是可以被不同制度充分利用进而促进经济增长的手段，资本主义可以有计划，社会主义也可以有市场。只要是能够发展生产力的，都可以在实践中使用。这也就是邓小平同志提出的著名的"白猫黑猫论"①。

在这一新的认识下，20 世纪 80 年代以来，我国从农村开始在全国范围内开始了改革开放，从国内"市场化改革"和对外"互惠性开放"两个方面同时推进，充分实现了由计划向市场的转型、由封闭到开放的发展，使计划和市场这两种手段都得到充分利用。改革开放以来我国经济实现了快速增长、人民生活水平极大提高、国际合作交流不断深入，中国的国际地位不断提升，中国正在为全球经济发展形成经验、提供方案、树立榜样。因而，系统总结中国特色的农业市场化道路具有重要的理论和实践意义。

①　邓小平同志多次提到"不管黑猫白猫，能捉老鼠的就是好猫"，即无论计划经济还是市场经济，都只是一种资源配置手段，与政治制度无关。

第一节　市场化的理论思考

一、市场与市场化

市场是商品经济与社会分工发展到一定阶段的产物，是随着商品交换的需要而逐渐发展起来的。直观上来看，市场是买卖双方进行商品或服务交换的场所，是双方形成商品和服务价格的过程。

在主流经济学中，市场是买卖双方交换的一种结构，这一结构包含了体制、制度、程序、社会关系以及基础设施等。市场促进了交换、促进了一个社会的资源和收入分配。根据市场主体的数量，市场分为完全竞争市场、垄断竞争市场、寡头垄断和完全垄断四种类型。对于多数领域，大家都在追求建立一个完全竞争的市场。

市场主体，包括商品和服务的买方和卖方，但市场的运行离不开市场制度或规则的监督维护者和市场失灵的调控者——政府。传统微观经济学的重点是研究市场结构和市场均衡的效率，当效率不能实现最优时，那么就存在市场失灵，而市场失灵也就意味着政府进行调控的可能性。因而政府的经济行为，也是市场失灵的必然要求。

市场经济是一种经济体制，在这一体制中，有关投资、生产和分配的决策等，均以价格为指导。市场经济中的生产者通过市场竞争实现利润最大化，保证资源利用的效率。消费者（购买者）通过竞争性的市场实现效用最大化，从而也保证分配的效率。

根据政府的作用，市场经济可以区分为：①最低管制的"自由市场"，即理论上的完全竞争。在这一制度下，政府强调自由放任的制度，政府活动仅限于提供公共品和服务以及保护私人产权等。②政府干预在纠正市场失灵和促进社会福利方面发挥积极作用。1992 年我国明确提出建立"社会主义市场经济体制"，就是要依靠市场进行资源的配置。关于市场的理解可以概括为

图 2-1。

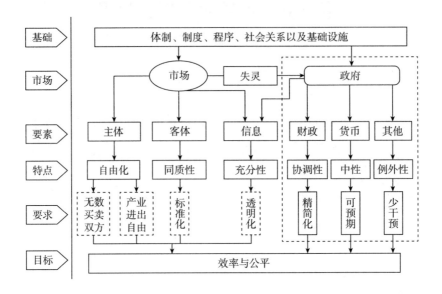

图 2-1　市场及其结构

首先，市场反映的是一种体制、制度、程序、社会关系以及基础设施。市场本身的要素，包括市场主体、客体和信息等。市场主体是买卖双方，在市场失灵的情况下，政府也将参与市场的调控，即出现第三个主体——调控主体。

其次，从市场的特点来看主要体现为：市场主体的自由化、市场客体的同质性、市场信息的完全性。主体的自由化，主要是强调自由决策、自由进出，从而保证决策的科学性和效率；客体的同质性，主要是为了便于比较和判断，促进交换的顺利实现；信息的完全性主要是保证市场主体决策的需要，保证决策的科学性。

从现实要求来看，一个完全竞争的市场，有五个方面的要求：①无数的买卖双方，也就是要反对垄断，促进更多的主体进入市场进行公平竞争。②产品要实现标准化。理论上产品的同质性在实际生活中是不可能实现的，但与此相联系的是在实践中要积极推进标准化建设，从而可以保证不同商品的可比性。③信息要保证透明化。信息是科学决策的基础，要保证随时随地能够很容易地获得各方面的信息，包括生产、市场、流通、消费、政策等。④进入或退出一个行业是自由的。这一方面也要打破行业垄断，另一方面要精简各种手续，保证市场主体能够很容易地进入和退出某个行业。⑤政府作用最小化。即政府仅仅限于弥补市场失灵，主要是提供公共产品，通过财政税收等政策，促进社会公平。从政策角度而言，要求货币政策保持中性，保证政策的可预期性。财政政策，要逐步减少政府公共支出对竞争性领域的挤出效应，财政政策的目标要倾向于降低税收、精简手续，为企业和广大消费者提供良好的生产和生活环境。在一些特殊情况或出现例外的情况下，政府要采取其他的政策措施，保证经济和社会健康、持续的发展。比如，一些产业出现比较严重的问题时，采取一定的产业政策，保持相关产业的平稳发展。

市场化是一个过程，是由非市场（即计划）经济向市场经济、由不发达市场向发达市场转变的过程。市场化的过程，涉及市场的主体、客体、政府等多重要素。简单而言，市场化包括：①市场主体的培育，即反对垄断，发育更多的市场买卖双方。②市场客体（商品和服务）的标准化和可比性，保证买卖双方对不同商品进行比较。③信息的完善和透明，要求买卖双方能够很容易地获取有关生产、流通、分配、消费、政策等各方面的信息，为市场主体的决策提供基础。④行业准入的自由化，为企业的进入退出和要素的自由流动提供条件。⑤政府功能的界定。市场化的过程也是政府和市场功能逐步调整的过程，基本趋势主要依靠市场，政府只承担市场失灵的服务和调节职能。

市场化的目标是建立一个完善的市场体系，通过市场化的手段或工具，促进各行各业和国民经济的健康快速发展。市场化向外延伸，就涉及国际化，或国际范围的市场化，这需要国际的协调。对于此部分本书不再展开。

二、从计划经济到市场经济

中国农业市场化道路的最终目标是从计划经济的此岸到市场经济的彼岸，但中国特色在渐进式改革过程中呈现如下的演进过程："计划为主"──"计划和市场并存"──"市场为主"。

（一）计划经济体制

计划经济是一种按照国民经济计划和生产计划进行投资和资本品配置的经

济体系，在计划经济体制中，根据政府计划调节经济活动，包括生产、流通、分配，甚至消费。计划经济可能采取集中式、分散式或参与式的经济规划形式。在高度集中的计划经济中，甚至取消了任何形式的市场。

计划经济有时也称为命令经济或行政命令经济，但这一方面主要是突出了等级行政在指导一国资源分配方面的核心作用，而不是有计划的协调。计划经济，通常也与苏联式的中央规划联系在一起，其中涉及中央国家规划和行政决策。在命令经济中，重要的分配决定由政府当局做出，并由法律确定下来。计划经济与市场经济形成鲜明对比，市场上运营的自治公司在生产、分销、定价和投资方面做出决策。使用指示性计划的市场经济有时被称为"计划市场经济"。

新中国成立后的几年内，我国逐步走上了一条计划经济的道路。

（1）计划经济体制的萌生阶段（1949年10月至1950年6月）。1949年冬，中央确定实行全国财政经济统一管理的方针，1950年5月试编了《1950年国民经济计划概要》，涉及农业、工业、文教卫生等20多项。为后来编制中、长期国民经济计划摸索了经验。党的七届三中全会（1950年6月）后，在对旧的社会经济结构进行重新改组的同时，东北等地开始了有计划的经济建设。

（2）初步形成阶段（1950年7月至1952年8月）。党的七届三中全会以后，中央开始在全国范围内为计划经济建设创造条件，1950年8月中央召开了第一次全国计划工作会议，讨论编制1951年计划和3年的奋斗目标。从国营工业生产和基本建设，到农业、手工业，逐步实行了计划管理。在党的七届三中全会以后，我国初步形成了计划经济体制的基本结构，在国家的集中统一领导下，以制定指令性经济发展计划的形式，对国民经济各方面开始实行全面的计划管理，计划经济体制已初步形成。

（3）计划经济体制基本完成形成阶段（1952年9月至1956年12月）。1952年9月，中央提出了10~15年基本上完成社会主义的目标，为此进一步健全了计划经济体制。1952年11月，中央成立了国家计划委员会，1954年4月又成立了编制五年计划纲要草案的工作小组。该小组以过渡时期总路线为指导，形成了第一个五年计划草案（初稿）。经过法定的审批程序之后，"一五"计划由国务院以命令形式颁布，要求各地各部门遵照执行。1954 年我国制定和颁布了第一部宪法，并规定"国家用经济计划指导国民经济的发展和改造，使生产力不断提高，以改进人民的物质生活和文化生活，巩固国家的独立和安全"，这标志着计划经济体制已成为我国法定的经济体制。

（二）市场经济体制

市场经济这一概念，最早由奥地利经济学家路德维希·冯·米塞斯 1922 年在《社会主义制度下的经济计算》一文中提出的。市场经济，是指依靠价格、供求、竞争等市场机制实现各类经济资源配置的一种社会经济运行方式。具体来讲市场经济体制主要包括四个方面的内容：一是整个社会经济的运行以市场为中心；二是社会再生产各个环节（生产、流通、分配和消费）以市场为导向；三是社会资源和生产要素通过市场竞争来配置，市场决定各类生产要素的流向；四是价值规律和市场机制是调节经济运行的主要机制。

市场经济是一种经济体系，在这种体系之下的产品和服务的生产及销售，不同于计划经济体系，计划经济是由国家引导，而在市场经济体系下完全由自由市场的价格机制所引导。市场经济的运作是自发的，虽然理论上市场可以通过产品与服务之间的供给和需求所产生的复杂相互作用来自我组织，实际上，市场当中并不存在一个集中协调的体制对其运作起指引作用。

美国经济学家莫里斯·博恩斯坦将市场经济划分为资本主义市场经济和社会主义市场经济。西方经济学辞典《麦克米兰现代经济学辞典》将市场经济视为一种经济调节手段而不是用来划分社会制度的标志，认为市场经济可以发生于私有制的资本主义经济，也可以在某种程度上作用于社会公有制经济。

邓小平同志的"白猫黑猫论"也强调，计划和市场都是两种手段，他指出计划多一点还是市场多一点，不是社会主义与资本主义的本质区别。计划经济不等于社会主义，资本主义也有计划；市场经济不等于资本主义，社会主义也有市场。计划和市场都是经济手段。

三、从农业市场化到农村市场化

农业产业是农村经济发展的支柱，农业市场化表现为农业产业链各个环节的市场化。而产业的发展，必然对周围形成辐射，从而要求相关领域也实现市场化。在此基础上，围绕产业链上游涉及各种投入或要素的市场化，产业链中间环节形成了生产和服务的市场化，产业链下游带动了加工、营销和产品的市场化经营。

由上述分析可以看出，农村市场化涉及的因素更加广泛，但总体来看涉及以下几个方面：

第一，消费品市场化。包括衣食住行用等八大类消费品市场的市场化。我国从 20 世纪 90 年代初开始逐步实行蔬菜、肉类等产品的市场化经营，然后逐步过渡到粮食等产品。

第二，生产资料市场化。包括种子、化肥、农药、农膜等种植业投入品的市场化，饲料、兽药等养殖业投入品的市场化，以及各种农副产品加工业、食品制造业等投入品的市场化。

第三，各种要素市场的市场化。包括土地（使用权）市场、劳动力市场、资本（金融）市场等。

第四，各种技术和服务的市场化。包括机械、农技、管理等服务的市场化。

第五，各种市场化运行的保障制度。土地制度、金融制度、劳动力制度、生产组织制度等。

追本溯源，市场化的发展是生产力发展和社会分工的结果。生产力的发展和技术进步不断推动生产率的提高和产业的发展升级，生产率的快速提高，又进一步导致了分工的深化，最后促进了流通和市场的快速发展。

第二节　市场经济的条件

理论上而言，完全竞争的市场要具备四个条件，即无数的买卖双方、产品是同质的、信息是充分和透明的、企业进出一个行业完全是自由的。简单而言，市场化改革就是要实现"市场主体的多元化、市场客体的标准化、市场信息的透明化和企业进出行业的自由化"。另外，市场经济也是契约经济，要求有完整的制度来保证市场活动的顺利进行，因而健全和有效的市场制度也成为市场化改革的重要目标。

一、市场主体"多元化"

市场主体的"多元化"就是要培育无数的买卖双方，供求双方主体在市场上公平交易、自由买卖。从生产主体来看，由最初的政府垄断、完全计划收购、统购统销到"双轨制"（即政府合同收购和市场自由交易并行），直到2001年完全放开粮食购销（政府取消对粮食的垄断收购）、2004年取消生产配额（农户再也没有任何的合同收购任务），生产者完全自主决策，生产什么、生产多少，卖到哪里、卖多少，这些生产经营决策完全由农户自由决策，没有任何的政府直接干预；从流通主体来看，政府逐步压缩国有涉农企业的比重，逐步引入个体、私营和外资企业参与公平竞争，打破了流通的垄断，逐步实现了完全竞争；从消费者来看，自从改革开放以来，我国就逐步取消了原来的口粮定量配给，特别是20世纪90年代以来，我国实现了农产品的"供求平衡、丰年有余"，政府完全取消了粮食等农产品的定量配给，实行完全市场调节；从政府来看，政府从对市场的直接干预中逐步退出，政府只能通过间接的市场化的手段进行调控，包括在WTO框架下，制定相关农业支持和保护的政策，降低或消除农业生产经营中的风险，保证政策经营活动的顺利进行。总之，从供求两端和流通、政府等主体来看，我国农业是最接近于完全竞争的，2.3亿农户、13亿消费者进行充分的自由的市场交易。

二、市场客体"标准化"

市场客体的"标准化"就是指商品要有严格的标准，便于消费者比较和选择。市场客体，即市场上交换的商品，"产品同质"是理论上的一种假设，在实际中不可能完全同质，而且在市场细分的背景下，产品的差异化反而越来越大。产品的同质性，主要是为了便于比较，因而在实践中不断推进产品的标准化，实现产品的可比较、易比较，就成为市场化建设的重要一环。在市场客体的标准化方面，就是要求产品必须有明确的规格和标准。近年来，我国在标准化方面也做出了很大的成绩，入世后很多商品远销欧美日等发达国家，充分证明了我国的标准化已与国际接轨。当然，由于我国地域广大、农户数量众多，各地资源、气候等农业生产条件差异较大，地方特色产品也较多，即使是同一种产品，在不同地方的差异也较大，因而，这给农产品标准的制定带来相当大的困难，但即使这样，我国农产品的标准化建设取得了丰硕的成果。在生产环节的标准化方面，我国不断推进标准化养殖和种植，农业标准化工作得到快速发展。

三、市场信息"透明化"

市场信息的"透明化"指信息要完善、及时，生产者和消费者等都能够比较容易地获取各种产销和政策等信息。在信息透明化方面，我国积极推动政务公开，大力推进行业信息的采集和公开发布，特别是借助互联网，通过"互联网＋"和"大数据"战略为各行各业的信息建设提供了重要的支持，正在推动着市场化更快地发展。从市场信息的提供主体方面，国家统计局、农业农村部、商务部、国家发改委以及新华网、中央电视台等机构，都定期采集和发布农业生产流通与贸易的数据信息及政策咨询等，特别是农业农村部网站还提供未来的预测信息，在大连、郑州和上海期货交易所还有农产品期货市场的信息，农户和相关经营主体能够很方便地搜集到相关信息；从信息的传播渠道来看，从电视、报纸、网络等多种媒体公开发布；从信息的接受和使用者来看，企业先不用说，即使是2.23亿小规模农户也很容易通过电脑、智能手机等工具随时随地获取所需要的信息，目前中国农户的手机平均拥有量超过户均1部，即使少数家里没有电脑或手机的农户，也可从遍布全国各个村庄的"信息服务点"获取到其所需的信息。目前，基本上可以在任何时间、任何地点，找到任何想要的信息。

四、行业进出"自由化"

行业进出的"自由化"主要强调企业进入和退出一个行业是完全自由的，

没有限制、没有审批和行业准入等。多年来，中央政府大刀阔斧地进行行政审批的改革，取消了大量的"行政审批"，并最终通过"负面清单"等方式为企业大大松绑，提供了宽阔的自由空间。据统计，进入 21 世纪以来，中央共取消和调整了 2793 项行政审批，占原有行政审批的 70% 以上。特别是通过负面清单和降低企业注册资本金要求，为企业进入任何一个行业提供了自由。

五、市场运行"制度化"

市场运行的"制度化"主要强调市场主体、客体以及流通和贸易等活动的制度环境，它是市场经济稳定高效运行的根本基础。市场制度涉及明晰产权制度、健全市场组织制度、反垄断等促进市场公平竞争的制度、完善价格形成机制、维护市场运行环境等。

由于我国的市场化改革是从高度集中的计划经济体制开始的，因此制度的建设从产权制度改革开始，由原先的反对私人财产，改革为承认并鼓励个体私营经济，由集体经济独大，到通过股份制等多种形式不断压缩集体经济成分，将市场让位于企业和农户，政府从市场经营中退出，转变职能，变身为市场服务者，为生产经营者创造良好的软硬件环境；市场经济条件下，单个企业或消费者都会实现其最大化目标，但是从宏观来看，通过适当的组织形式可以减轻或避免单个生产经营者所难以解决的问题或不足，特别是对于小规模的农户，通过龙头企业或合作社组织起来，可以较好地面向大市场。市场制度建设，还体现在相应的法律法规方面，比如反垄断法和反不正当竞争法等。另外，市场经济运行的最集中的体现是"价格"，而一个有效的价格一定是由市场供求双方决定，因为保证供求自动调节，完善价格形成机制也是市场化建设的重要内容。还有，对于具体的市场进行监督管理的制度，也是市场稳定运行的重要保障。

纵观中国市场化改革，一直朝着上述几方面目标迈进。为此，我国不断打破垄断，鼓励更多的主体参与市场活动，在国有企业改革、打击囤积居奇、整顿市场秩序等方面取得了重大进步；同时，政府狠抓产品标准化建设，积极推进生产的规范化，从而保证优质优价，调动生产者不断生产优质产品和创新的积极性；另外，在信息化方面，政府更是在硬件和软件方面大力促进信息化建设；最后，政府大刀阔斧地推动行政审批制度改革，在很大程度上退出了政府对市场的干预。

党的"十九大"为我国未来 2035 年和 2050 年的长期发展，规划了蓝图、指明了方向。就在"十九大"以后，我国签署的第一和第二个国家主席令分别是《中华人民共和国反不正当竞争法》（修订，2018 年 1 月 1 日起施行）和《中华人民共和国标准化法》（修订，2018 年 1 月 1 日起施行），这充分表明了政府在推进新时代市场化改革的信心和决心，并进一步付诸了实际行动。

第三节　中国农业市场化战略

从几乎没有市场的高度集中的计划经济体制，过渡到完全依靠市场的市场经济体制是一个复杂的系统工程，涉及宏观经济的方方面面。为此，需要首先有战略性思考，回顾中国的改革历程可以明显地看到渐进式的特点，即"先易后难""先外围再核心""先试点再推行"。基于上述这些原则，我国的农业市场化改革遵循了"三步走"的战略：第一步先从消费品市场开始改革，在消费品市场改革取得一定经验后，再进入第二步，开始"原材料市场"改革，最后是第三步，"要素市场"改革。在每一步内部，又区分轻重缓急，先易后难，具体内容如下。

一、消费品市场改革

因为原材料市场和要素市场都具有牵一发而动全身的特点，如果不成功将带来不可估量的问题。因此，农产品市场改革，首先是从消费品市场开始的。消费品和老百姓的生活密切相关，但有些消费品是必需品，有些则未必。为此，在开始取消计划、建立市场进行市场调节时，政府将消费品又进行了区分，将粮油等关系到消费者日常生活必需的消费品划分为一类消费品，将蔬菜、水果、水产品和肉类等划分为二类消费品。市场化的改革就从这些二类消费品开始，这样可以保证即使改革失败了也不会带来大的问题。

（一）二类消费品市场改革

1984年10月党的十二届三中全会通过了《中共中央关于经济体制改革的决定》，中央提出了"建立有计划的商品经济体制"，1985年的一号文件《中共中央、国务院关于进一步活跃农村经济的十项政策》中明确提出：

（1）"粮食、棉花取消统购，改为合同定购"。

（2）"生猪、水产品和大中城市、工矿区的蔬菜，也要逐步取消派购，自由上市，自由交易，随行就市，按质论价。放开的时间和步骤，由各地自定。放开以后，国营商业要积极经营，参与市场调节。同时，一定要采取切实措施，保障城市消费者的利益"。

（3）"其他统派购产品，也要分品种、分地区逐步放开"。

由此可以明显地看出，政府放开市场的顺序：生猪、水产、大中城市和工矿区的蔬菜，然后是其他派购产品，最后关于粮食和棉花则仍然要有政府的合同收购，并没有完全放开。

1985年后，政府逐步放开蔬菜和水产品等副食品的经营与价格，国营蔬菜公司与菜农签订收购合同，对主要品种约定收购数量、品质及价格。另外，早在1983年相关部委就提出建设批发市场，此后在上海、深圳和北京等大中城市以及山东、河南等蔬菜主产地逐步建立了批发市场，允许长途贩运蔬菜，农贸市场内出现了运销商人。此阶段，我国的农产品市场改革呈现"一放就活"的特点，即只要取消计划管理，实行市场自由流通，则生产和市场就会活跃起来。

当然在遇到一些外部冲击（比如气候或自然灾害等），蔬菜也会减产，为了解决蔬菜等副食品供应能力不足等问题，中央从1988年开始实施"菜篮子工程"。这时集贸市场发展扩大，批发市场加快建设，更多的批发市场从集贸市场中独立出来，从区域性流通逐渐发展到具有全国集散功能的大量流通。1991年中央各相关部门又提出全面建设和改善批发市场设施，出现了全国批发市场建设的高潮。1992年以后蔬菜商品完全实现了自由市场流通。随着

"菜篮子工程"建设的进展和蔬菜流通条件的改善，1992年各大中城市完全①停止了对蔬菜生产与流通的计划管理，开放市场，开放价格，鼓励竞争。至此，我国蔬菜生产流通体制实现了由计划统制向自由市场流通体制的完全转变。

水果、水产品、肉类这些二类消费品市场的改革与蔬菜市场相类似，也是在改革中走在前面的商品。

（二）一类消费品市场改革

中国改革走的是一条渐进式的道路，是"摸着石头过河"。在推进二类消费品市场建立和改革的过程中，不断积累经验，从而为粮棉油糖等一类消费品市场的建立提供了重要借鉴。

（1）粮食流通"双轨制"。在一类消费品市场的改革中，粮食是最后一个完全放开市场的品种②。从1984年逐步实行计划收购和市场收购的"双轨制"开始，我国一类消费品市场的改革实际上也就启动了，只是步伐要相对缓慢得多。而且，什么时候出现供给偏紧了就收一下，增加计划的成分，压缩市场的作用，反之，供给充足时，则更快地推进市场化改革。直到1992年我国建立社会主义市场经济体制改革，我国的粮棉油糖的市场化改革一直是采取这样的政策。此后，随着1993年和1994年全社会通货膨胀的出现和蔓延，1993年10月开始粮食和多数农产品价格上涨，1994年10月通货膨胀率更是达到27.7%。

1994年5月国务院出台了《关于深化粮食购销体制改革的通知》，提出加强粮食市场管理，掌握批发，放活零售。要求各级政府要组织工商、粮食、物价、公安、税务部门加强对粮食市场的监督管理和执法检查，坚决取缔无执照

---

① 在放开流通的背景下，有些年份受到气候和灾害等不利因素影响时，产量可能减少，这时一些地方政府就会采取计划手段进行管理，使市场发展受到抑制，出现反复。但是这样的反复，对于市场化的发展是不利的。经过一段时间后，又放开市场实行自由贸易。

② 直到2004年我国完全取消对粮食的合同定购和垄断收购等政策后，我国粮食市场完全放开。农民可以自由选择是否种粮、种多少粮食、卖给谁等，这些行为都完全自由决策，政府除了对小麦和水稻实施最低收购价以外，曾对玉米、大豆、棉花等产品实施临时收储，但目前临时收储政策已取消，只有对棉花进行目标价格试点。

经营。对欺行霸市、哄抬粮价等扰乱粮食市场的行为要严加惩处。加快制定粮食市场法规，逐步使市场行为规范化、法制化、现代化。同时，要掌握粮食批发。"今年（1994 年）要对粮食批发企业进行清理、整顿，对不符合条件的不予重新登记"。要加强市场体系建设。总的原则是"积极发展粮油初级市场，巩固发展批发市场，逐步建立健全统一、开放、竞争、有序的粮油市场体系。要以农村乡镇集散地为中心，以粮站、粮库为依托，发展农村粮油初级市场，允许农民之间、农民与城镇居民之间在市场上进行粮食零星交易。在粮食主产区建立和完善省、市（地区）、县的区域性粮食批发市场。在铁路中转站、水运码头等粮食集散地，发展一批现货批发市场，以方便粮食由主产区向销区流动"。

通知还要求建立健全灵活的粮食吞吐调节机制，适时平抑粮价，稳定粮食市场，促进生产，保证供应。要建立市场信息网络，密切关注市场动向，及时采取措施稳定市场，防止乱涨价。当市场粮价低于国家规定的收购价时，各地政府要组织粮食部门按规定的收购价及时收购粮食，防止谷贱伤农，以保证生产者的利益。当市场价格过高时，要及时组织抛售，以平抑价格，保证消费者的利益。在需要抛售时，首先动用地方储备粮，必要时再动用国家储备粮。抛售方法：一是通过国有粮店公开挂牌销售；二是通过粮油批发市场抛售，平抑粮油批发价格。抛售粮油发生的价差和运费，按照财政隶属关系分别从中央和地方的粮食风险基金中解决，具体办法另定。

（2）粮食流通的"三大"支柱。20 世纪 90 年代中期以来，我国粮食在市场化建设和流通体制改革过程中，逐步建立起了"三大"支柱，在很大程度上保证了我国"双轨制"的顺利运行，很好地保障了我国的粮食市场稳定和粮食的有效供给。这"三大"支柱分别是：粮食省长负责制（也称"米袋子"省长负责制）、粮食风险基金和中国农业发展银行。

第一个支柱是实行粮食省长负责制。为了确保粮食在放开市场的过程中万无一失，不出现短缺问题，在《关于深化粮食购销体制改革的通知》中明确提出了"粮食"省长负责制。通知强调"实行省、自治区、直辖市政府领导负责制，负责本地区粮食总量平衡，稳定粮田面积，稳定粮食产量，稳定粮食库存，灵活运用地方粮食储备运行调节，保证粮食供应和粮价稳定"，即"粮食省长负责制"，也简称"米袋子"省长负责制。此后，粮食省级领导负责制一直是各届政府关于粮食工作的重要措施之一。1985 年放开蔬菜市场后，1988 年中央也出台了"菜篮子"市长负责制的规定。

2014 年 12 月 31 日，国务院在充分征求地方人民政府和党中央、国务院有关部门的意见后，拟定了《关于建立健全粮食安全省长责任制的若干意见》，并于 2015 年 1 月 22 日正式发布实施，进一步压实了粮食省长负责制。《关于建立健全粮食安全省长责任制的若干意见》共有 10 个方面 29 项内容，10 个方面包括：强化粮食安全意识和责任；巩固和提高粮食生产能力；切实保护种粮积极性；管好地方粮食储备；增强粮食流通能力；促进粮食产业健康发展；保障区域粮食市场基本稳定；强化粮食质量安全治理；大力推进节粮减损和健康消费；强化保障措施和监督考核。总之，粮食安全省长负责制围绕全面加强粮食生产能力、储备和流通能力建设，明确了各省级人民政府须承担起保障本地区粮食安全的主体责任。同时也明确了省长（主席、市长）在维护国家粮食安全方面承担的责任。

第二个支柱是建立粮食风险基金。为了确保有关粮食政策的顺利实行，在这一背景下，1994 年中央建立了粮食风险基金。1994 年 4 月 30 日国务院印发《粮食风险基金实施意见》的通知，即国发〔1994〕31 号，第一次明确提出建立粮食风险基金制度。"粮食风险基金"由中央财政与地方政府共同筹资建立，地方政府包干使用。它主要用于平抑粮食市场价格，补贴部分吃返销粮农民因粮食销价提高而增加的开支，是促进粮食生产稳定增长，维护粮食正常流通秩序，实施经济调控的专项资金。这也是我国针对关系国计民生的重要商品而建立的第一个专项宏观调控基金，它有效促进了流通市场稳定和国家粮食安全。

第三个支柱是成立中国农业发展银行。为了保证政府对粮棉油糖等关系国计民生的农产品的收购，1994 年中央成立了中国农业发展银行，作为国务院直属的政策性银行。1994 年 11 月挂牌成立。主要职责是以国家信用为基础筹集资金，同时承担粮棉油糖等农产品的收购等农业政策性金融业务，代理财政支农资金的拨付，为农业和农村经济发展服务。

（3）粮食市场的垄断和完全放开。1994年我国遇到了历史上最高的通货膨胀率，1994年11月CPI达到127.70，因而自1995年开始中央实行了"控制总需求、增加总供给"的宏观调控政策，经过两年的调控，1997年初经济实现了"软着陆"[①]。在出现高通货膨胀的时候，我国粮价上涨也比较快。1993年11月开始，市场上粮食价格突然大幅度上涨（见表2-1）。1993年12月28日开始，国务院规定全国城镇所有国有粮店，对大米、面粉和食用植物油必须按规定价格销售。同时，开始动用政府储备粮向粮价涨幅高的地区调运，以平抑粮价。在有的城镇，对集市上的粮价实行了限价措施，有的地方还恢复使用已被取消了的城镇居民购粮证或粮票，对国有粮店限价销售的粮食，实行限量供应。在采取了上述措施之后，粮价迅猛上涨的势头虽得到了控制，但粮价继续上涨的趋势却仍在发展。

表2-1 1994年我国粮食价格的快速上涨

	3月同比	9月价格及上涨情况			
	上涨（%）	价格水平	同比（%）	与年初比（%）	环比（%）
粮食平均	37.3	—	62.3	39.8	
稻谷*	47.0	2.41	84.7	49.7	6.5
小麦	8.6	1.25	48.8	31.6	5.0
玉米	37.5	1.14	40.1	30.2	2.7

资料来源：陈锡文.当前中国的粮食供求与价格问题［J］.经济社会体制比较，1995（1）.

注：表示9月价格为大米价格。

粮价上涨也带动了饲料和肉、禽、蛋产品的价格上涨。9月底，集市上米糠和麦麸的价格分别为每公斤0.67元和0.97元，同比上涨了40.7%和

---

① 经济"软着陆"是相对于"硬着陆"而言的，最早来自于物理学（航空航天科学），指航天器经专门减速装置减速后，以一定的速度安全着陆的着陆方式。"软着陆"后被引入经济学领域，指通过各种措施（主要是控制总需求、增加总供给）很好地控制了高通货膨胀，同时没有导致较大失业，能够保持较高的经济增长。硬着陆，则正好相反，指虽然控制住了通货膨胀，但是经济出现了较大的失业和萧条。

52.7%，猪肉的集市价为每公斤 12.54 元，鸡蛋为每公斤 7.24 元，分别比上年同期上涨 72% 和 2.4%。

了解这一背景，就很容易理解随后的粮食政策，比如实施粮食省长负责制、建立粮食风险基金、成立政策性银行（中国农业发展银行），以及后来于 1998 年初开始的粮食流通体制改革，即国务院 1998 年颁布实施了《关于进一步深化粮食流通体制改革的决定》（国发〔1998〕15 号），提出了"改革的原则是'四分开一完善'，即实行政企分开、中央与地方责任分开、储备与经营分开、新老财务账目分开，完善粮食价格机制，更好地保护农民的生产积极性和消费者的利益，真正建立起适应社会主义市场经济要求、符合我国国情的粮食流通体制"。

实际上"决定"的核心是"三项政策、一项改革"[①]，简而言之，即敞开收购（农民的余粮）、（粮食企业）顺价销售、（收购资金）封闭运行和国有粮食企业改革。但其对粮食市场影响最大的还是国有粮食企业对粮食收购的垄断，该"决定"的第二十四条指出"要充分发挥国有粮食企业收购粮食的主渠道作用，农村粮食收购主要由国有粮食企业承担，严禁私商和其他企业直接到农村收购粮食。国有农业企业、农垦企业可以收购本企业直属单位所生产的粮食。粮食加工企业和饲料、饲养、医药等用粮单位可以委托产地国有粮食企业收购原料用粮，但只限自用，不得倒卖。其他粮食经营企业和用粮单位须到县以上粮食交易市场购买"。

1998 年，这一新的粮食流通体制改革，还有一个很重要的背景是财政对粮食补贴的包袱太重，在"决定"的序言中明确指出"不改革，中央和地方的责权关系不清，中央财政不堪重负"。但垄断是与自由市场背道而驰的，这一政策在执行了两年之后，2001 年就开始进一步进行试点改革，试点的核心是完全放开粮食的购销，"意见"指出深化改革的总体目标是：在国家宏观调控下，充分发挥市场机制对粮食购销和价格形成的作用，完善粮食价格形成机制，稳定粮食生产能力，建立完善的国家粮食储备体系和粮食市场体系，逐步

---

① 三项政策，即按保护价敞开收购农民的余粮、粮食企业要实行粮食顺价销售、加强粮食收购资金和粮食市场管理。一项改革，即推进粮食购销企业自身的改革。

建立适应社会主义市场经济发展要求和我国国情的粮食流通体制",同时指出
"当前改革的重点是:为促进农业和粮食生产结构调整,充分发挥粮食产区和
销区的各自优势,粮食主销区要加快粮食购销市场化改革,放开粮食收购,粮
食价格由市场供求形成……"①

　　2001 年,中央在沿海地区和北京等粮食主销区进行放开粮食购销的改革,
一方面取消国有粮食企业的垄断收购,同时将 1985 年以来实行的合同收购改
为国有粮食企业和农民自愿签订订单,实行"订单收购"。在这一背景下,农
民可以自由选择"种什么""种多少"和"卖给谁",这一放开购销的市场化
改革给了广大农民充分的产销自由权,在比较利益的驱使下,大量农民不再愿
意种植粮食,粮食产量大幅度下滑,2003 年产量降到 4.31 亿吨,比 1999 年下
降了 15.28%,年均降低 4.6% (见图 2 - 2)。据国家粮食局估计,2003 年粮
食产需缺口约 575 亿公斤,需靠挖库存和净进口解决。

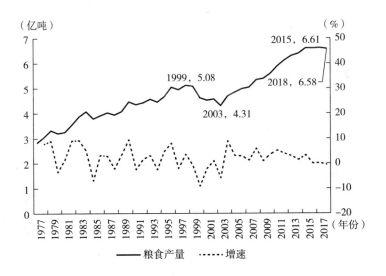

图 2 - 2　1977 ~ 2018 年我国粮食产量及年度增速

资料来源:历年《中国统计年鉴》。

---

① 参见《国务院关于进一步深化粮食流通体制改革的意见》(国发〔2001〕28 号)。

由于 2003 年粮食产量的大幅度滑坡，2004 年开始中央出台了一系列有关粮食生产和流通的政策。2004 年一号文件《关于促进农民增加收入若干政策的意见》，这是在 18 年之后，中央再次以一号文件形式高度重视"三农"问题。2003 年 10 月至 2004 年 5 月短短 7 个月内，国务院连续召开 3 次全国农业和粮食会议，各省（区、市）一把手和主管负责同志、有关部门负责同志参加，研究部署农业和粮食工作。2004 年 3～5 月，国务院连续下发了《关于抓好粮食生产做好粮食市场供应工作的紧急通知》《关于进一步深化粮食流通体制改革的意见》和《粮食流通管理条例》3 个重要的文件、法规，对发展粮食生产、深化粮食流通体制改革、加强粮食宏观调控、维护粮食市场稳定等方面作出明确部署。

尽管有 2000～2003 年的粮食生产大滑坡，但是在 2001 年中国加入 WTO 的背景下，放开购销、取消粮食合同定购（配额）的改革还必须坚定不移地执行。为此，2004 年开始中央开始史无前例地出台了一系列的政策扶持粮食生产，包括粮食直补、种子补贴、生产资料综合直补、农机补贴、最低收购价、临时收储、目标价格、取消农业税等[1]，直到 2020 年中央历年的一号文件都定位在"三农"问题，就是将粮食等农产品供给置于首要地位。从上述分析可以看出，2004 年我国最后放开了粮食的购销，粮食市场也成为我国消费品市场中，最后一个放开的农产品。

二、原材料市场改革

在消费品市场改革的基础上，不断积累经验，然后逐步引入并推进原材料

---

[1] 这些补贴措施，后来都进行了不同程度的改革：一是 2016 年 5 月财政部、农业农村部印发了《关于全面推开农业"三项补贴"改革工作的通知》，将种粮农民直接补贴、农作物良种补贴和农资综合补贴合并为农业支持保护补贴，并主要用于支持耕地地力保护和粮食适度规模经营两个方面。二是最低收购价。目前只有小麦和水稻实行最低收购价保护。三是临时收储。中央曾经对玉米、大豆和棉花等几种重要农产品实行临时收储。但由于临时收储带来的财政压力、WTO 规则的约束以及临时收储中存在的其他问题，玉米的临时收储政策已于 2016 年取消。另外，2014 年国家也启动了新疆棉花、东北和内蒙古大豆目标价格补贴试点，大豆试点的结果是不成功的，因而 2017 年大豆的目标价格补贴取消，实行与玉米一样的"价补分离"，即价格随行就市，政府对农民实行收入补贴。因而目标价格只剩下新疆的棉花仍然在进行试点。2006 年我国取消了农业税。

市场的建立和完善。比如种子、化肥、农药、钢材、水泥等市场逐步建立起来，市场主体多样化、价格逐步市场化、市场客体逐步标准化，原材料等市场逐步得到完善。

原材料是发展生产的重要商品，1949 年后的很长一段时间内，我国对农资商品都采取高度统一的计划管理体制。改革开放以来，虽然有一定的改革，对一些一般性的农资商品采取了放开经营和自产自销的政策，但直到 20 世纪80 年代中期，主要农资商品基本上都是统一管理、计划安排和计划调拨。到80 年代末，国家对大部分重要农资商品实行了专营，只允许农业部门的一些经济技术实体经营一部分农资商品。1989 年 1 月 1 日，中央对化肥、农药和农膜实行了专营。各级政府成立了农业生产资料专营协调领导小组，对产、供、销、运输、财政、税收、价格等方面进行统筹安排，加强了计划指导和宏观调控。同时，规定了农业生产资料专营价格的作价原则和重要品种的具体价格、进销差率或进销差额以及经营环节，而且都是从严掌握。另外，对工厂的自销量和价格作了限制。

随着我国 1992 年提出社会主义市场经济体制改革，国家允许在一定范围内，实行多渠道经营，扩大市场调节比重。由于各地情况不同，开放的程度也不一样。1993 年国务院发布通知，农业生产资料行业的改革按照社会主义市场经济的运行机制进行，专营逐步被取消。取消专营的第一步是将化肥、农药、农膜的专营改为经营，国有农资公司不再独家经营农资行业，以实力和优势服务参与竞争，发挥主渠道作用。

此后，由于我国农资种类多，农户规模小、覆盖面广，在农资市场逐步放开的过程中，假冒伪劣农资时有发生，为此政府一直强化对农资市场的控制，直到中国入世之前。1998 年 11 月，国务院出台了《关于深化化肥流通体制改革的通知》，标志着我国化肥流通体制由计划经济体制向社会主义市场经济体制根本转变和重大转折。其中，取消了国产化肥指令性生产计划和统配收购计划，由化肥生产和经营企业自主进行购销活动。同时，打破了"一主两辅"①

---

① "一主两辅"，即在农资流通中发挥供销合作社的主渠道作用，同时要调动农资生产企业和农业"三站"两个辅助渠道的积极性。农业"三站"，指农业技术推广站、土肥站和植保站。

的经营格局。其后，农药等其他生产资料市场化改革也较快推进，特别是2001年中国加入 WTO 后，放开农业市场资料市场的步伐进一步加快。在中国"入世"承诺中，明确规定"入世"5 年后，外商企业可以从事化肥的批发和零售等业务，农资市场化改革取得了巨大的突破，也使中国的市场逐步与国际市场联系起来。

随着中国"入世"，原材料市场的改革和开放得到更大程度的发展，特别是 2013 年以来我国的改革开放更是大步地向前推进，"一带一路"倡议使我国的国内市场改革得到进一步的深化。

三、要素市场改革

要素主要包括"土地、劳动力和资本"传统三要素，以及"技术、信息和管理"现代三大要素。

如果说原材料市场的改革需要谨慎推进的话，那么要素市场的建立和完善更需要深入研究、周密计划，土地、劳动力、资本、技术等都是一个国家经济发展最根本的基础，土地问题解决不好将是任何一个社会的灾难，劳动力问题处理不好经济也难以发展、社会也难以长治久安，资本同样是和每个人息息相关。为此，我国农业市场化改革的最后战场就是要素市场。但目前我国土地使用权市场已近完全建立，使用权的流转完全自由化，劳动力市场更是建成了全国统一的大市场，任何一个劳动力可以自由地去任何地方找工作和就业。

要素市场的改革是密切联系的。较早放开的是劳动力市场，然后是土地市场。同时，技术市场、职业经理人（"管理"要素）市场等也不断推进。在这些要素市场改革取得一定成效，积累了相关经验后，我国资本市场的改革也稳步展开。

（一）农村劳动力市场

实行家庭联产承包制以后，由于极大地调动了广大农民的生产积极性，农村普遍出现了大量的剩余劳动力，同时，1984 年后随着建立"有计划的商品经济"体制，农村个体和私营经济也开始发展，特别是在中央政策的扶持下很多地区开始兴办"乡镇企业"①，这些企业和农村多种经营吸引着农村劳动力向农村非农领域流动，但仍然是离土不离乡。对农村劳动力流动影响最大的还有我国沿海地区的"经济特区"建设②，随着特区建设，在沿海地区设立了大量的出口导向型企业，在此背景下，城市职工"下海经商"，中西部农村剩余劳动力开始大量涌入东南沿海地区，被形象地称为"孔雀东南飞"。这是我国农村剩余劳动力流动的一次高潮。

虽然在农村劳动力流动过程中也出现了不同的问题，包括社会治安问题、交通问题、居住环境等问题，期间在一些地区也曾出现严厉控制外地劳动力流入的措施，但在市场经济的背景下，劳动力流动是无法阻挡的。在1992年我国提出"建立社会主义市场经济体制"的背景下，农村剩余劳动力不断向"北（京）上（海）广（州）"这些大城市流动，从而大量农民工跨省流动，实行"离土又离乡"。

从数据来看，20世纪80年代，是以就地转移为主的阶段。农民工数量从80年代初期的200万发展到1989年的3000万，此时乡镇企业是农民工就业的主要渠道。虽然跨省流动的人数逐渐增多，但比重较小，1989年约为23%。但1992年后外出就业农民工的数量从90年代初期的6000万左右发展到21世纪初期的1亿左右，东部沿海地区和城市的第二产业、第三产业成为农民工就业的主要渠道。跨省流动比重大幅上升，2001年达到44%。以乡镇企业吸纳为主的农民工就业模式已转换为外出异地就业为主的模式。

2001年以后，随着中国加入WTO，我国劳动密集型的加工业和制造业快速发展，对农村劳动力的吸纳速度也快速增加，不仅农村过剩劳动力大量转移

---

① 乡镇企业是在改革开放前的"社队企业"基础上演变和发展起来的，比社队企业更广泛。简单而言，乡镇企业就是在乡镇地区举办的企业，它以农村集体经济组织或者农民投资为主，在乡镇（包括所辖村）举办的各类企业，包括乡镇办企业、村办企业、农民联营的合作企业、其他形式的合作企业和个体企业五级。乡镇企业是一个区域性概念，因此涉及的行业很多，包括农业、工业、交通运输业、建筑业以及商业、饮食、服务、修理等。20世纪80年代以来，中国乡镇企业得到迅速发展，对充分利用乡村地区的自然及社会经济资源，向生产的深度和广度进军，对促进乡村经济繁荣和人们物质文化生活水平的提高，改变单一的产业结构，安排乡村剩余劳动力，改善工业布局、缩小城乡差别和工农差别，建立新型的城乡关系具有重要意义。

② 1980年5月，中共中央和国务院决定将深圳、珠海、汕头和厦门这四个出口特区改称为经济特区。1988年4月，设立海南经济特区。

到城市，甚至农村地区的青壮年劳动力和有一定技能的妇女和中老年劳动力也转移到城市，从而在农场出现了主要以老年和妇女劳动力为主，同时农业机械化和各种社会化服务替代劳动力的现象。

可以说，1992 年开始，我国就基本放开了劳动力要素的流动，虽然期间在北京等地曾出现过限制外地农民工进京的措施，但这些只是个案，更广泛存在的是大范围的跨省流动，特别是 2001 年以后我国已建成了全国统一的劳动力流动市场。任何一个劳动力可以流动到任何一个地方寻找自己喜欢的工作。虽然户口会对劳动力的迁移产生一定的影响，但由于户籍制度的改革，在很多地区户籍已逐渐与城市社保功能脱钩，它已不再是很重要的因素。特别是，在农民工全国流动的同时，我国也在不断地实施取消农村户籍制度改革。同时，不断地放宽城市落户的条件。2019 年 12 月 25 日，中共中央办公厅、国务院办公厅印发的《关于促进劳动力和人才社会性流动体制机制改革的意见》提出，为激发社会性流动活力，全面取消城区常住人口 300 万以下的城市落户限制，全面放宽城区常住人口 300 万～500 万的大城市落户条件。完善城区常住人口 500 万以上的超大特大城市积分落户政策，精简积分项目。

在农民工流动的过程中，在城市和乡村地区都出现了不同规模的劳务市场或人才市场，为农民工流动提供了重要的信息服务等中介作用。

（二）农村土地使用权流转市场

在我国农村地区土地为集体所有，因此农户土地的流转只能是使用权。同时，对于土地制度我国政府历来是持非常谨慎的态度。改革开放以来，我国土地流转也经历了一个从"禁止"到"尝试"再到目前鼓励流转，促进适度规模经营的过程。但较大范围的流转还是在 2001 年以后。

（1）禁止阶段（1978～1983 年）。在承包制实施之初，土地流转是被严格禁止的。国家规定"任何组织或者个人不得侵占、买卖、出租或者以其他形式非法转让土地"。1982 年中央一号文件《全国农村工作会议纪要》进一步对农民承包的土地做了"四不准"规定，即"社员承包的土地，不准买卖，不准出租，不准转让，不准荒废"。因此，在这一时期，农民承包的土地要么自己耕种，要么归还集体。

（2）松动阶段（1984～1987年）。1984年中央一号文件《关于一九八四年农村工作的通知》中，国家对土地流转的政策开始有所松动，土地流转被有条件地允许，即"经集体同意，由社员自找对象协商转包"；但同时文件也规定了"自留地、承包地均不准买卖，不准出租，不准转作宅基地和其他非农业用地"。因此，这一时期土地流转的形式被严格限定为转包。而且，此时土地流转在立法上仍然是被禁止的。1987年，经国务院批复，江苏、山东、北京、广东、浙江等一些沿海发达省市开展了土地适度规模经营的试验，土地流转突破了家庭承包经营的限制，开始进入新的探索期。

（3）探索阶段（1988～2002年）。1988年《中华人民共和国宪法修正案》通过，标志着法律正式开禁农村土地流转。此次宪法修正案删除了原宪法第十条第四款表述中的"不得出租"字样，增加了"土地的使用权可以依照法律的规定转让"，为土地流转提供了宪法依据。与此同时，1988年《土地管理法》也做了相应修改，删掉原法第二条第二款中的"不得出租"字样，增加了第四款"国有土地和集体所有的土地的使用权可以依法转让"，最终从法律上使土地流转合法化。农业农村部于1994年底形成了《关于稳定和完善土地承包关系的具体意见》，提出"建立土地承包经营权流转机制"，提出"允许承包方在承包期内，对承包标的依法转包、转让、互换、入股，其合法权益受法律保护"。

（4）稳定流转阶段（2003年至今）。2003年颁布的《农村土地承包法》为土地流转市场建立和发展提供了法律依据。根据承包法，农民"通过家庭承包取得的土地承包经营权可以依法采取转包、出租、互换、转让或者其他方式流转"，并且农民采取转包、出租、互换或者其他方式流转土地的，只需要报发包方备案，而不需要再经发包方同意。2005年，农业农村部颁布了《农村土地承包经营权流转管理办法》，对土地流转进行了更具操作性的规定，明确提出了"农村土地承包经营权流转的受让方可以是承包农户，也可以是其他按有关法律及有关规定允许从事农业生产经营的组织和个人"，放开了对土地流入主体的身份限制。这是土地流转政策的一个重大变化，它允许村民把土地流转给其他新型经营主体，为土地向从事农业规模经营的个人和组织集中提供了条件。可以看出，2003年后农村土地流转进入了规范发展的阶段。农村土地使用权实现了完全自由流转。

2013 年 11 月，中共中央第十八届三中全会通过了《关于全面深化改革若干重大问题的决定》，明确提出赋予农民对承包地的占有、使用、收益和流转权利，以及对承包经营权的抵押、担保权利，拓展了土地承包经营权的权能。同时，进一步强调土地承包经营权可以在公开市场上流转，而且强调通过市场化的配置方式，使土地"向专业大户、家庭农场、农民合作社、农业企业"等效率高的能者手中集中。2014 年，中央一号文件《关于全面深化农村改革加快推进农业现代化的若干意见》发布，提出"在落实农村土地集体所有权的基础上，稳定农户承包权、放活土地经营权"，将土地经营权从承包经营权中分离出来，使其成为一项能够进行市场交易、具有使用价值和交换价值并独立于承包权的产权形态，由此确立了我国农村土地产权制度"三权分置"的制度安排。同年 11 月，关于专门规范土地经营权流转的第一个正式文件《关于引导农村土地经营权有序流转发展农业适度规模经营的意见》出台，在重申"坚持农村土地集体所有，实现所有权、承包权、经营权三权分置"的同时，把政策的落脚点锁定在"规范引导农村土地经营权有序流转"。

（三）农村技术等服务市场发展

农村技术服务市场的发展也是伴随着青壮年劳动力向外转移而快速发展的。在农村劳动力没有向外转移之前，农村存在大量劳动力，因而农业生产中主要是劳动力投入替代其他要素。相反，20 世纪 80 年代以后，随着农村劳动力的外出，逐步出现了技术替代劳动力。在基层政府的技术推广部门（农业技术推广站、植保站、农机站等）不能很好地满足广大农户的生产需求背景下，市场化的农业技术服务公司不断出现，包括农机公司、农技公司以及其他化肥农药等服务公司不断涌现出来。总体来讲，农业技术市场的发展，起步于20 世纪 80 年代初，80 年代中期以后开始发展，90 年代后快速发展。

（1）1980～1984 年是农业技术市场形成的尝试阶段。在改革开放的背景下，各农科院（所）从扩大研究所自主权、实行财务包干开始，先后发展了科研联合体，组织科技有偿转让和技术咨询服务活动等，开始了科研步入技术市场的第一步。有些科研院所依靠对外服务已经可以实现经费自给。

（2）1985～1991年是农业技术市场发展与波动阶段。1985年3月《中共中央关于科学技术体制改革的决定》颁布实施，强调技术市场是我国社会主义商品市场的重要组成部分，指出要"促进技术成果的商品化，开拓技术市场，以适应社会主义商品经济的发展"。自此，技术交易在我国城乡广大地区逐步展开。一些前期尝到了改革甜头的科研院所进一步甩开膀子加油干，也有不少新的民办科研组织出现。中央先后颁布了《国务院关于技术转让的暂行规定》（1985）、《中华人民共和国专利法》（1984）、《中华人民共和国技术合同法》（1987），中央和地方又出台了相关技术市场管理法规，有关部门出台对发展技术市场一系列优惠扶植政策等，推动了农业技术市场的形成与发展。

但这个阶段也出现了许多失误，主要原因是领导市场经济意识薄弱，盲目性大，技术、人才优势发挥不够，技术开发人员能力有待提高。因而1987年后，技术开发处于低潮。

（3）1992年至今为稳步发展阶段。随着商品经济的发展，科技改革力度的加大，农业科研院（所）也面临改革和创收的压力，在总结以往教训的基础上，农科院（所）、高等院校、民办群众科技组织等作为重要的农业科研成果的供给主体进入市场，成为农业技术市场发展的主力军。

上述只是技术市场的供给方，技术市场是否活跃还要看需求方，即广大农业生产者。在1992年后大量青壮年劳动力离开农村地区进城务工后，农村的科技需求也逐渐显现出来，优良品种技术、耕作栽培技术、田间管理技术、收获储运技术等在农场地区很快普及开来，各种农技服务组织、农机服务组织等得到更快发展。

在广大农村地区，除了农户以外，实际上乡镇企业是农村技术很重要的需求主体。表2-2为全国乡镇企业技术市场合同成交额，可以看出1991年以来在快速地增长。1992年和1993年的环比增速甚至超过60%，但1994年以后呈现理性的增长。另外，由于技术这一商品的特殊性，决定了其交易相对比较复杂，主要的交易方式包括：技术转让、技术承包、技术入股、技术咨询、技术服务、技术培训等。

表 2 - 2 1991～1999 年全国乡镇企业技术市场成交合同金额

单位：亿元,%

年份	1991	1992	1993	1994	1995	1996	1997	1998	1999
金额	5.054	8.336	14.008	17.546	21.916	25.575	34.563	42.670	—
增速	—	64.93	68.04	25.25	24.91	16.70	35.14	23.46	—

资料来源：《中国科技统计年鉴》(2000)，国家统计局。1999 年未再发布统计数据。

（四）农村金融市场改革

金融是经济的命脉，中央对金融市场的改革一直持谨慎态度。金融体制改革最早可以追溯到 1978 年 10 月，邓小平同志提出银行应该抓经济，仅仅是当会计，没有真正起到银行的作用。要把银行作为发展经济、革新技术的杠杆，必须把银行办成真正的银行。按照这个基本思想，金融体制改革从扩大银行贷款范围入手，恢复健全银行体系，确立中央银行制度，发展多种金融机构，开拓金融市场等。金融市场的发展主要包括以下几个阶段：

（1）起步阶段（1978～1984 年）。这一时期主要是突破了旧的计划体制下的"大一统"金融体制，向市场化方向迈出了坚实的第一步。首先，重建了金融组织与机构，建立中央银行制度。1979 年逐步恢复了中国人民农业银行、中国人民建设银行，分别作为主办农村存贷业务和中长期基建信贷业务的专业银行。改革中国银行的经营体制，使其成为主营外汇业务的专业银行。成立了主办从国外筹资用于国内投资信贷的中国投资银行。1984 年，成立了中国工商银行，主办城镇存贷业务。至此，基本建立起了一套较为完整的专业银行体系。其次，非银行金融机构也得到初步发展，成立了中国国际信托投资公司等一批信托投资公司，恢复了人民银行保险公司国内的保险业务，发展了城市和农村信用合作社。同时，1983 年底，国务院发布《关于中国人民银行专门行使中央银行职能的决定》，确立了中国人民银行的央行地位，初步建立了我国的中央银行体制。在上述基础上，以货币市场和资本市场为基础的直接融资市场也出现了。

（2）全面推进阶段（1985～1993 年）。1984 年 10 月 20 日中国共产党第十二届三中全会通过了《中共中央关于经济体制改革的决定》，提出必须按照把马克思主义基本原理同中国实际结合起来，建设有中国特色的社会主义总要求，进一步贯彻执行对内搞活经济、对外实行开放的方针，加快以城市为重点的整个经济体制改革的步伐，以利于更好地开创社会主义现代化建设的新局面。在决定中，提出"要进一步完善税收制度，改革财政体制和金融体制"，初步提出了要进行金融市场化改革。

随后，学术界进行了大量的讨论。同时，中央也开始了金融改革的试点工作。1986年中央在广州、武汉、沈阳、重庆和常州5个城市进行试点，探索金融体制改革的新路子。1987年进一步增加到27个城市。在改革中，建立了以中央银行为领导、国家银行为主体，各种金融机构分工协作的金融体系，开拓建立和发展初级金融市场，发展新型金融机构，改善金融系统内部经营管理等。

与劳动力、土地等要素市场对比，金融市场的改革很明显要滞后。进入20世纪90年代后，金融市场改革也有所加快。1990年11月26日，经国务院授权，由中国人民银行批准建立的上海证券交易所正式成立。这是新中国的第一家证券交易所。上海证券交易所的开业标志着中国改革开放向纵深推进，自此，股市引入中国。1992年中国基金诞生、机构投机者起步。

1992年在党的十四大上明确提出要建立社会主义市场经济体制，要使市场在社会主义国家宏观调控下对资源配置起基础性作用，使经济活动遵循价值规律的要求，适应供求关系的变化；通过价格杠杆和竞争机制的功能，把资源配置到效益较好的环节中去，并给企业以压力和动力，实现优胜劣汰；运用市场对各种经济信号反应比较灵敏的优点，促进生产和需求的及时协调。十四大报告强调要"加快市场体系的培育。继续大力发展商品市场特别是生产资料市场，积极培育包括债券、股票等有价证券的金融市场，发展技术、劳务、信息和房地产等市场，尽快形成全国统一的开放的市场体系"。1992年12月国务院发布了《关于进一步加强证券市场宏观管理的通知》，对股票、证券等的发行和交易的管理提出了具体的要求。

1993年在党的十四届三中全会上通过了《中共中央关于建立社会主义市

场经济体制若干问题的决定》，决定强调"当前培育市场体系的重点是，发展金融市场、劳动力市场、房地产市场、技术市场和信息市场等"。要"发展和完善以银行融资为主的金融市场。资本市场要积极稳妥地发展债券、股票融资。建立发债机构和债券信用评级制度，促进债券市场健康发展。规范股票的发行和上市，并逐步扩大规模。货币市场要发展规范的银行同业拆借和票据贴现，中央银行开展国债买卖。坚决制止和纠正违法违章的集资、拆借等融资活动"。

（3）深层次改革和徘徊阶段（1994～2000年）。1994年是我国改革开放史上很重要的一年，这一年我国实行了财税体制改革（分税制）、汇率制度改革、外贸体制改革和住房制度改革等。1997年亚洲金融危机背景下，我国改革开放也面临了一定挑战。此后，金融改革的步伐相对放慢，1998年开始实行积极的财政政策和文件的货币政策，"扩大内需、刺激总需求"成为主要基调。

（4）全面推进和发展阶段（2001年至今）。2001年加入WTO前后几年，我国清理了一批不符合市场经济改革和对外开放的政策法规，同时，加快了金融市场改革的步伐。2003年开始国有商业银行的股份制改革。11月国务院成立了国有商业银行股改领导小组，由时任国务院副总理的黄菊担任领导小组组长，央行行长周小川担任领导小组办公室主任，并于2004年选择中国银行、建设银行作为试点，运用国家外汇储备等补充资本金进行股份制改革。2004年1月31日，国务院颁布了《关于推进资本市场改革开放和稳定发展的若干意见》，提出了推进资本市场改革开放和稳定发展的指导思想和任务，强调进一步完善相关政策，促进资本市场稳定发展，要健全资本市场体系，丰富证券投资品种。同时，进一步提高上市公司质量，推进上市公司规范运作。积极促进资本市场中介服务机构规范发展，提高执业水平等。

加入WTO后，为了与国际接轨，同时也是为了推进金融市场改革，政府逐步改革了会计制度，在商业银行运营方面，对会计准则进行了改进，2006年实施新的会计准则。同时，为了充实资本、引进先进管理经验，主要金融机构都开启了上市步伐并渐次登陆资本市场。农村信用合作社以及一些中小商业银行业都进行了规范化法治化改革。在证券市场方面，2005年中央下决心解决了股权分置改革的难题。在金融监管方面，2003 年新设了银监会，并理清了其与人民银行金融监管和宏观调控的责任关系，最终形成了"一行三会"的监管格局。

2007 年，由美国次贷危机引发的全球金融危机和经济危机，对中国的金融改革也带来了不小的冲击。2008 年以后，政府采取"积极的财政政策和稳健的货币政策"，2009 年和 2010 年两年中央拿财政投资 1.18 万亿元带动全社会投资 4 万亿元，刺激经济增长。在此背景下，中国金融市场改革又采取了相对谨慎的态度。2012 年党的十八大以来，中国经济进入新常态，经济下行压力较大，在此背景下，2013 年中央对外提出了"一带一路"倡议，其后建立了"亚洲基础设施建设银行""金砖国家银行"和"丝路基金"等，将金融改革推向国际，同时人民币国际化步伐加快，离岸市场快速发展。2015 年"对内"提出了"供给侧结构性改革"的战略，将改革和开放进一步推向深入。在金融领域，提出了"去杠杆"、防泡沫、防风险，对金融市场和金融监管都形成新的挑战。与此同时，互联网尤其是移动互联网的兴起和金融产业的跨界融合，线上支付、移动支付、数字货币等新生事物不断出现，金融市场改革又出现了很多新的现象，金融改革依然任重而道远。

2020 年 3 月 30 日，党中央和国务院发布《关于构建更加完善的要素市场化配置体制机制的意见》，提出完善要素市场化配置是建设统一开放、竞争有序市场体系的内在要求，是坚持和完善社会主义基本经济制度、加快完善社会主义市场经济体制的重要内容。"意见"强调要完善股票市场基础制度，制定出台完善股票市场基础制度的意见。坚持市场化、法治化改革方向，改革完善股票市场发行、交易、退市等制度。鼓励和引导上市公司现金分红。完善投资者保护制度，推动完善具有中国特色的证券民事诉讼制度。完善主板、科创板、中小企业板、创业板和全国中小企业股份转让系统（新三板）市场建设。这充分表明了未来我国对要素市场（特别是金融市场）改革的决心和意志。

目前中国取得的巨大成就主要得益于市场化，据统计，目前我国 97% 的商品价格完全由市场决定，只有对一些关系到国家安全和国计民生的产品，政府还有一定的影响，但中国推进市场化改革的决心是不会动摇的，只有市场化才能大大调动广大劳动者生产的主动性和创新的积极性。

第三章

中国特色农业市场化模式

完全竞争市场，在实践中是相对的，任何一个国家都没有纯粹的完全竞争，或者说即使在一些市场发达的国家，也不可能建成完全竞争、没有政府干预的纯粹市场，因而需要研究市场的边界。与其他发达国家的农业市场化过程一样，中国也在不断探索符合中国国情的农业市场化道路和市场化模式。

基于前述有关市场和市场化的理论思考，结合中国市场化发展的实践，本部分将总结中国特色的农业市场化模式，包括模式的目标、内容、特点和核心。

第一节　改革的目标

农业市场化指农业资源配置方式由以政府分配为主向以市场配置为主转化的同时，让价值规律在农业的产供销等环节发挥基础性作用的过程。农产品市场要实现完全市场化，就要接近完全竞争市场的标准，即满足以下几个方面：

第一，理论上而言，完全竞争的市场，要求市场上有无数的买方和卖方，他们中的每一个人的购买或销售份额相对于市场总购买额或总销售额来说都是微不足道的，都不会对市场价格产生任何影响。在我国的实践中，也就是要培育无数的市场主体，包括农户、龙头企业、合作社、家庭农场、种粮大户等这些新兴经营主体的不断涌现，就是典型的市场主体发育的表现。

第二，完全竞争的市场，要求市场上销售的产品都是同质的，这种同质不仅指商品之间的质量，而且包括商品的销售条件、包装等。商品的同质性，主要是为了便于比较，从而很好地完成市场交易。实际上，完全同质的商品在实践中是不存在的，但与此相对应，必须加强标准化建设。因而，实践中的市场客体（商品）就要去标准化。

第三，完全竞争的市场要求任何厂商的进入或退出是完全自由的，所有资源都可以自由流动，厂商的规模和数量在长期内也可以任意变动。在实践中就是要取消行业进入的壁垒，取消审批等。

第四，完全竞争的市场要求信息是完全的，即买方和卖方之间不存在信息不对称，这样每个生产者或消费者都可以根据自己掌握的信息，确定自己的最优生产量或购买量。

第五，完全竞争的市场还要有健全的市场制度。它涉及市场的方方面面，制度既要提供良好的软硬件市场环境，创造公平竞争的条件，同时也要保护市场主体的权益，最终要实现通过制度调节市场主体的行为。

第二节　模式的内容

从理论上来看，农业市场化模式的内容涉及市场的主体培育、客体规范、信息透明、产业进出和制度建设。

一、市场主体培育

从市场主体来看，充分培育多种所有制的生产、经营主体。逐步减少政府对市场的干预，形成了农业生产者主体（农户、农场和企业等）、流通主体（流通、贸易、加工企业和农户等）、消费者主体（城乡消费者和国际市场）和调控主体（政府）"四大主体共存"的格局。

政府与市场的关系是并列关系，政府由原先的干预市场甚至控制市场，变身退出市场，置身市场之外，对市场环境和秩序等进行监督和维护，为各竞争主体（生产者、流通者和消费者等）的公平竞争提供服务。

从市场主体的培养来看，自从党的十一届三中全会后，我国实行了联产承包责任制，逐步培育了大批的农业生产者（农户），同时，积极鼓励多种所有制的生产、加工和流通企业，农村金融机构也得到较快发展。沿着农业产业链，从上游的育种、化肥、饲料、农（兽）药、机械，到中间的生产管理以及下游的加工营销，我国已经培育了无数的市场主体，成为我国农业市场上的主力军。详细情况可参看后面农业市场化现状部分。

从主体角度来看，中国的特色体现在政府的功能，即主要依靠市场主体，按照市场规律进行生产经营活动，但政府也不是完全放手不管，政府对市场软硬件建设发挥重要作用，特别是对公益性更强的"批发市场"建设，政府给予多方面的支持。另外，对强买强卖、扰乱市场秩序的行为予以严厉的打击等。

二、市场客体规范

从市场客体来看，主要体现在三个方面的工作：

（1）政府积极推进农产品标准化建设，为促进农产品交易提供有效保障。没有标准，就难以比较，交易就难以顺利进行，或者市场效率就不会很高。

（2）在不断推进标准化建设的同时，大力推动农产品的品牌化和地理标志建设，推动"名特优"产品的发展，建立"有机食品""绿色食品"和"无公害食品"等体系，不断提高产品质量，更好地满足消费者的要求。

（3）积极推动可追溯体系的建立，提高消费者的知情权和出现质量问题后的快速解决，这是市场化发展到较高阶段的要求。

总之，政府科学规划，并大力鼓励企业、协会、行业、部门等多渠道推进标准化建设工作，积极探索国际标准，不断推动国内外标准的并轨，更好地服务于对外合作与开放。

从市场客体角度来看，中国的特色体现在政府积极主动地进行标准化相关工作的规划与布局，同时发动各方面的力量，推动标准化、品牌化、可追溯等体系的建设。同时，政府将"食品安全"置于市场化建设的首位，对食品安全进行严格监管、严厉打击假冒伪劣商品、生猪家畜统一定点屠宰等都是其他国家政府未能做到或做好的。

三、交易渠道通畅

从市场交易来看，应该由生产经营主体自由进行。但是，中国是典型的小规模农户生产，一家一户的小规模、分散生产难以很好地适应960万平方千米如此广大的市场（甚至还包括国际市场），小生产和大市场的矛盾成为一大挑战。为此，政府采取多种途径解决这一问题：

（1）龙头企业。20世纪90年代以来，政府实行农业产业化，通过龙头企业，以"订单农业"等形式带动小规模农户，龙头企业面向市场，将市场需求等信息通过订单（任务）方式传递给小规模农业生产者，最后带动小农户间接走向大市场，这一形式极大地促进了农产品的生产流通。

（2）合作社。由于龙头企业和农业在产业化发展中，存在着不同程度的问题，政府也一直注重农业合作社的发展，2007年通过了我国的第一部农业合作社法《中华人民共和国农民专业合作社法》，逐步依靠合作社将农民组织起来，共同解决生产流通中遇到的问题，共同应对风险。目前，有一种合作社逐步替代龙头企业的趋势，当然中国合作社的发展还存在较多的问题。

从市场交易来看，中国特色体现在政府对市场交易的服务和帮助上，包括政府从软硬件角度，建立和完善交易体系，地方政府定期举办专业或综合性的集市（比如草莓节、西瓜节等），促进农产品交易；同时，销地或产地政府，在收获季节生产者面临卖难时，积极组织一些大型超市、集团消费的学校、政府机关等单位赴农村进行农产品的采购，"农超对接"已成为一种代表性的方式。

四、市场信息透明

信息是决策的基础，及时、完整、透明的信息是生产经营者决策的首要条件。从市场信息来看，它是农产品流通顺利实现的"润滑剂"。信息除了历史信息、有关现状外，还包括未来的信息。流通中的信息多数是市场化导向的，主要依靠市场提供。因此，信息的主体主要也是市场化主体。当然，一些公益性外部性很强的信息需要政府提供，比如天气预报、灾害预报等。

在市场信息方面，中国的特色主要体现在政府在信息传播软硬件建设方面的支持。首先，政府专门建立 CCTV 农业频道传播农产品相关知识和信息，并为广大农业生产者（特别是贫困地区的农户）提供免费广告服务。其次，由于我国多数农户呈现老年化、女性化等特点，同时教育程度不高，政府积极组织力量对农户如何利用手机搜集信息进行培训。另外，政府积极加强农村信息高速公路建设。信息化建设中"金农工程"是最有代表性的一项工作，政府为加速和推进农业和农村信息化，建立"农业综合管理和服务信息系统"，1994 年提出了"金农工程"，系统完整地采集农业相关信息，并主要依靠国家公共数据通信网进行传播。近年来，在"信息高速公路"建设中，大力推进光纤和 5G 无线网络建设，一些省市探索在农村地区提供免费 Wi-Fi。

五、行业进出自由

自由进入或退出某个行业是完全竞争市场的一个重要特征，只有能够自由进出各个行业，才能保证要素的自由流动，从而提高要素利用效率和各个行业的生产效率。同时，也才能调动广大生产经营企业的积极性和创造性。特别是通过公平竞争，也能够实现人尽其才、物尽其用。

在我国，影响企业进出不同行业的主要是一些审批和资格限制，为此，政府陆续取消了一大批行政审批和限制，取消了大量的行业进入壁垒。1978 年提出改革开放时，政府取消了很多对个体私营企业的限制，并在 1984 年提出了"双轨制"，允许私营和个体经济从事生产经营，同时随着对外开放的推进，经济特区的建设也吸引了一批外商合资和外商独资企业；1992 年在我国建立社会主义市场经济体制的背景下，政府又给予企业更多的生产经营自主权，1994 年外贸体制改革后，任何自然人原则上也都可以从事国际贸易；2001 年在加入 WTO 的背景下，我国取消了一大批行政审批和不符合市场竞争及自由贸易的政策措施，逐步打破垄断；党的十九大以来，我国经济社会进入新时代，中央进一步推进市场化改革，特别是推行"负面清单"，降低企业创办的条件，为企业进出不同行业消除了很多壁垒，同时取消了大批职业资格要求，除了必需的医生、教师等职业外，多数不必要的从业资格要求都大大压缩或取消，为劳动力自由流动提供了更大的可能。

六、市场制度完善

市场制度是市场经济高效运行的根本保证。市场制度涉及市场运行的各个方面。但首要的是产权制度，另外还包括市场组织制度、反对垄断和不正当竞争、完善价格形成机制、维护市场运行环境等。

改革开放以来，我国从家庭承包制开始，明晰产权、土地等大型生产资料归集体所有，其他生产资料归个人所有。同时，对农村集体资产进行股份制等制度改革，建立了多种所有制形式共存的保证公平竞争的产权制度。另外，不断发育和完善农户家庭经营、合作社、龙头企业等市场组织，促进国企改革，引入竞争，反对垄断，颁布实施了《反垄断法》和《反不正当竞争法》等法律法规；在价格形成机制中，除了小麦、水稻两个品种实行最低收购价以外，政府取消了其他所有农产品的价格干预（棉花仅在新疆试点目标价格，并未在全国实施）。总体来看，我国在市场制度建设和改革方面也取得了很大成绩。

第三节 模式的特点

经过近40年的市场化改革，中国的农业市场化模式取得了巨大的成功，这一模式的基本内涵为：以市场手段为主，辅以必要的政府调控，调控领域主要集中在市场失灵和涉及国家安全及国计民生、人道主义等领域。简单而言，通过市场促进生产效率，通过政府调控实现公平发展，将经济发展和社会稳定置于同等重要的地位。中国特色的农业市场化模式，主要表现在以下几个方面：

一、市场和计划兼顾

即充分依靠市场，辅以必要的政府调控。农业面临自然和市场等多重风险，农业提供所有人口的食物，事关国家安全，农业涵养水源、保持水土，农业具有多功能性和较强的正的外部性，这些都决定了农业必须进行保护，因而绝大多数国家都将农业的支持保护作为政府的政策目标之一，因而政府的计划和调控就成为农业市场化发展中必需的一个环节。但在"效率"方面，政府充分依靠市场发挥市场主体的积极性和创造性，提高生产效率；在"公平"方面，作为社会主义市场经济国家，共同致富，确保收入公平也是政府义不容辞的责任。简单而言，政府逐步退出对于"初次收入分配"的干预或影响，但积极强化"二次收入分配（或再分配）"的职能，确保社会收入差距不断缩小，实现小康生活，建立和谐稳定的社会。目前，玉米、大豆等一些农产品逐步退出"价格政策"（即临时收储），实行价补分离，通过脱钩的收入补贴，保证农民一定的收入；水稻和小麦的最低收购价不断调低，这些都充分反映了政府将逐步在更大程度上依赖市场。

二、硬件和软件并进

即市场硬件和软件设施建设同步推进。硬件建设主要是市场基础设施，软件建设一方面包括市场制度建设，也包括维护市场秩序，创造良好的市场交易氛围。20 世纪 80 年代以来，农村集贸市场逐步恢复和活跃，90 年代以来城乡批发市场逐步建立，21 世纪以来城乡零售市场快速发展。农村集贸市场建设主要采取以"政策松绑，农村自建"为主的方式，城市超市等零售市场由于其商业化特点，主要是依靠企业建设经验，而批发市场由于其公益性相对较强，政府予以相关扶持，特别是在建设初期，在用地和基本建设方面进行扶持。而农村零售市场，则由于建设的相对滞后，2005 年以来政府通过"万村千乡"市场工程，支持建设了一批农村零售连锁店或超市，同时对大型批发市场和流通企业进行政策扶持，对储藏、保鲜和屠宰等食品安全设施和市场信息系统建设等进行支持。

三、土地三权分置

土地制度实行三权分置，所有权归农村集体、承包权归村民个人、经营权

（使用权）归土地实际使用者，同时政府实施最严格的耕地保护制度。在中国文化中，耕地是农民的命根子，什么时候农民拥有耕地则农村就会稳定，什么时候农民失去了耕地，社会就可能动荡。因此，即使实行了市场经济，土地（耕地）也不能作为一般的商品，而具有一种特殊的商品属性。同时，耕地在中国是最为稀缺而又没有替代物的特殊商品。中国要以全球7%的耕地、5%的内陆水资源养活20%的人口，而美国则以中国1.5倍的耕地、3倍的水资源，仅需养活中国1/4的人口。中国要在人均不到1.5亩的耕地上，解决农民的口粮、肉类（饲料粮）、蔬菜水果、棉油糖等的需求，这无疑是一个很大的挑战。为此，耕地（土地）问题，在中国不能有丝毫马虎，否则将导致社会大的动荡。这也是多年来中国一直维持农村耕地集体所有的重要原因。

中国农村土地（耕地）不实施私有化，主要原因如下：①工业化城市化对土地的需求。中国目前的集体和全民所有的土地制度极大地保证了中国工业化和城市化的土地需求。如果土地是私有的，那么中国的工业化和城市化的代价将会很大、时间将会很长，甚至工业化和城市化还会停滞，印度和俄罗斯等很多国家的例子都很好地说明了这一点。在工业化城市化还未完成的背景下，现有的土地制度优于其他国家的制度，必然需要持续下去。②广大农民的理财能力。土地私有化后，必然会有一些甚至是较多的农户出售土地，但当其获得较大数量的土地销售款后，如何进行保值增值也成为其面临的非常现实的问题，一些农民可能很快会将土地款消费掉，从而带来一系列的后续生活等问题。③社会保障制度的健全。目前我国的社会保障制度还不能很好地保证大量农民在失去土地、失去土地收入后得到较高的福利保障。④最根本的是，这种三权分置的土地制度也是中国传统经济体制中最具有生命力的部分，也是能够很好地适应中国经济发展的土地制度。

四、核心物资的"准商品化"

核心物资主要指一些极少数战略性商品（比如口粮、武器），在相当长的一段时间内，必须能够由政府掌控。准商品化，指这些物资不能作为一般的商品，完全由市场决定。中国的资源禀赋和人口增长的矛盾，要求在任何背景下口粮（小麦和水稻）必须绝对安全，它涉及13亿人口吃饱肚子的基本生存需求，涉及社会稳定和党执政的基础，因而当市场调控出现不安全的迹象时，政府必须随时能够进行调控。这说明了口粮必须牢牢掌控在政府手中。日本和韩国等这些与中国资源禀赋类似的国家，都毫无例外地将口粮（大米）作为核心，不惜一切代价进行保护。当然美国等很多人少地多的国家不存在这一问题。因而，对像中国这样纯粹的"生计性农业"的国家而言，口粮将是一种特殊的商品（或准商品），不能像一般商品那样完全由自由市场决定，不能一味照搬一些资源丰富的农业商业化国家的模式。这是由人的生命权、生存权决定的，也是人道主义的要求。

五、国有企业（机构）的市场化运行

在中国市场化改革的过程中，仍然保有一定的国有企业在市场化运作，比如中粮集团、吉粮集团、中储粮等。这些企业在不断进行股份化改造、兼并重组，但这需要一定的时间。目前即使在很多市场发达的国家，也都有类似的企业或政府机构，比如加拿大和澳大利亚的小麦局，政府都通过这些机构直接或间接干预小麦的生产和销售等。

当然，政府和市场的有机配合，也是在一些领域市场失灵的要求，经济活动中存在着较多的正的和负的外部性需要政府的作用，农业的外部性和多功能性要求政府必须对农业实行保护，而一些污染性的行业则政府必须进行限制。

六、政府部门有所作为

中国特色的农业市场化道路，还有一个很重要的特点是要一个有为的政府。政府既要有为，同时要抓"该为的地方而为之"，即政府与市场的边界要明晰，政府与市场是"相互依赖、相互制约"的关系，是互补的关系。

市场建设离不开政府的规划、引导与服务，而政府也不能越俎代庖，政府要不断探索在一定约束条件下，两者之间的互动关系。近年来，在很多地方探索实施通过PPP模式（Public – PrivatePartnership，即政府和社会资本合作），进一步促进农村市场体系的升级和完成。PPP是公共基础设施中的一种项目运

作模式，在该模式下，政府鼓励私营企业、民营资本与政府进行合作，参与公共基础设施的建设，让非公共部门所掌握的资源参与提供公共产品和服务，从而实现合作各方达到比预期单独行动更为有利的结果。政府还积极通过税收手段进行国民收入的二次分配，从而调节社会的公平，正是因为有一个"有为"的政府，中国的模式才能够做到效率与公平兼顾、经济和社会并重。

总体而言，中国的农业市场化模式就是，主要依靠市场进行调节，对于非普通商品的土地和粮食等准商品进行特殊管理，通过政府和市场两种手段，促进经济的健康快速发展，保证社会的公平和稳定。

第四节　模式的核心

中国特色的农业市场化模式的核心，也是中国经济快速增长的基础和原因。通过上面的分析可以看出，中国特色农业市场化模式的核心主要体现在：坚持市场经济的发展道路，实现市场调节为主、政府调控为辅，保证制度、组织和技术协调，生产、流通（市场交换）、分配和消费有机互动，从而实现微观主体的最优和宏观目标的实现。

一、循序渐进的市场化稳步推进

市场化的发展方向是坚定不移的。自1978年党的十一届三中全会提出改革开放以来，中国稳步推进改革开放步伐。1984年提出了建立"有计划的商品经济体制"，1992年提出了建立"社会主义市场经济体制"，2001年加入了世界贸易组织。党的十九大审时度势提出了经济社会进入新时代，加快了改革开放的步伐，2013年提出"一带一路"倡议，2015年提出了"供给侧结构性改革"战略，从中国来看，这实际上也是我国"新开放"的战略，同时通过国内自贸区的建设，使这两大战略进一步融合，改革和开放深入互动（见表3-1）。

表 3-1　中国市场化发展战略

时间	中国市场化发展战略	特点
1978 年	改革开放	总设计
1984 年	有计划的商品经济	引入市场
1992 年	社会主义市场经济体制	以市场为主
2001 年	加入"世界贸易组织（WTO）"	开拓国际市场
2013 年	对内："供给侧"改革	技术立国
2015 年	对外："一带一路"倡议	新开放
2013 年至今	国内自由贸易区（截止到 2019 年，合计 18 个）	内外融合
2013 年	上海	国内自贸区将使对内改革、对外开放深度融合
2015 年	广东、天津、福建	
2017 年	辽宁、浙江、河南、湖北、重庆、四川、山西	
2018 年	海南	
2019 年	山东、江苏、广西、河北、云南、黑龙江	

在上述一系列战略指引下，市场化改革稳步推进，几乎在所有市场上都培育了无数的买卖双方，打破了垄断；在所有行业都建立了相关标准包括：国家标准、部门标准、企业标准，而且与国际市场实现了很好的接轨，很多商品的国家标准或企业标准甚至超过了国际标准的要求；在信息领域，很好地实现了政务信息公开，公开信息及时，城乡信息高速公路建设成效显著，数字乡村建设试点稳步推进；在推动企业发展方面，打破行业垄断，消除行业进入壁垒，取消一大批审批和职业资格等，精简手续并实行"负面清单"，为企业的创立和发展提供了很好的营商环境。

二、制度、组织和技术的协调

（一）制度、组织和技术间的逻辑关系

完成好任何一项活动，都至少要做好三件事情，即制度、组织和技术。即使参加一些游戏活动也是如此。

第一是制度。即大家通常说的"游戏规则"，建立市场经济体制，要懂市场经济的规则，中国加入世界贸易组织首先要懂世贸组织的游戏规则。如果不懂规则或规则不统一，则难以合作完成一件事。举个通俗的例子，如在麻将游戏中，如果游戏规则不统一，有人只懂南方的打法，有人只懂北方的打法，那么是很难一起玩的。因此，在打麻将牌之前，要先明确好打法，即游戏规则。

第二是组织。组织有两层意思：一是要有组织，要把组织健全起来，"三缺一"是不能打麻将的。二是要建一个高效率的组织，涉及人员的组织形式，即人员搭配要合理。比如，在打扑克牌游戏中，如果让两个打牌高手为一组，而两个初学者为一组，则这样的人员搭配往往不会持续很久，总输牌的一方很可能就不玩了。

第三是技术。制度完善和统一了，组织健全和配置好了，那么最后是否能赢得比赛，就看技术了。打牌技术高的一方，就会获胜，否则在竞争中就只能处于下风。

上述三个方面，有时候是有先后顺序的，有时可能需要先把制度统一了，然后再说后面两者，比如一个国家加入世界贸易组织前，首先要审议该国的经济制度，如果符合全球贸易规则，那么其入世的关键一步就算完成。当然，有时候是先健全组织，然后再完善制度或规则。最好的是：能够将这三者同时推动，而且做得很好，但是这确实很难，或者说几乎是做不到的。

在我国农业市场化改革中，对于制度、组织和技术关系的处理是比较成功的。我国通过打破高度集中的计划经济体制，引入家庭承包责任制，这一制度极大地调动了广大农业生产者的积极性，这一制度设计就很好地把"制度"和"组织"有机结合起来，即把集体拥有的土地"承包"给一家一户的农户使用，同时规定"交够国家的，留足集体的，剩下都是自己的"，这样很好地照顾到国家、集体和个人的利益协调。

（二）中国农业经济中的制度、组织和技术

在中国农业市场化过程中，涉及方方面面的制度，在土地家庭承包责任制这一基本经营制度的基础上，又衍生出很多其他的生产组织方式，在计划向市场的转型过程中，公平竞争的环境在很大程度上促进了技术的创新和发展。

第一，完善的各项农业生产经营制度。包括农业基本经营制度、农村各项产权制度、土地制度、农村金融制度、农业劳动力就业制度、农村社会保障制度，等等。在实践中，通过家庭承包责任制、集体资产的承包经营或股份制改造等方式，实行有效的产权激励，调动广大农民生产经营者的积极性和创造性。

第二，健全的生产经营组织。从国情出发，明确家庭是最基本的，也是主要的农业生产经营组织。同时，为了解决小规模农户适应大市场的问题和小农户分散低效率的问题，还积极推动"龙头企业＋农户""合作社＋农户"、家庭农场等新兴经营主体，建立了多元的农业生产经营组织，使小农户、新型经营组织、中介服务组织和大市场有效结合。

第三，更加快速的技术创新。如前所述，技术市场改革也是我国市场化的重要组成部分。20世纪80年代中期以后，我国的科学技术领域的改革开始重点推进，特别是21世纪以来，由于全球竞争的加剧，政府将科学技术置于更加重要的地位。另外，随着改革的不断深入，公平的竞争和市场的优胜劣汰，大大促进了生产经营者之间的竞争，调动了广大生产经营者的积极性和创造性，从而促进技术的不断创新。党的十九大以后，中央进一步强调"大众创新，万众创业"，农业科技进步的步伐进一步加快。

三、生产与市场的有机互动

市场的发展是服务于生产的，在发达的市场经济条件下，再生产的四个环节必须密切配合，即生产、流通（即市场交换）、分配和消费有机互动，这四个环节又分别涉及生产者（生产）、经营者（市场）、要素所有者（分配）、政府（分配）和消费者（消费）。

生产者是经济发展的根本，是供给侧改革的核心；经营者是生产发展的保障，积极鼓励多种经营主体，特别是新型经营主体，是保证生产发展的关键；要素所有者，是生产经营顺利运转的前提；消费者是拉动经济增长的最终动力，由于其他的主体也都是消费者，因而保证消费者的福利，也是社会经济发展的最终目标；政府这一主体，是协调其他各个环节、保证各个环节畅通运行的关键，如果其他环节不能保持适当的比例，那么就需要政府进行适当调控。

政府可以用于调控的方式，主要是财政、货币政策以及供给侧改革的相关政策，特别是科技政策，需要特别说明的是科技不仅存在于生产领域，在流通、要素使用和消费等领域也都有很多科技产品和服务，政府利用税收手段进行二次分配，从而促进再生产四个环节有机互动是经济发展的重要保证，当然这需要一个有为的政府。

第四章

中国农业市场化改革的现状

本章将基于市场化的理论，从主体、客体、信息、制度等方面介绍中国农业市场化改革的现状。

第一节　市场主体的多样化和自主性

我国一直以小农为农业生产经营主体。经过多年的发展，我国城乡一体化快速推进，农村劳动力规模不断扩大，农业经营主体由单一的以小农经营方式为主逐渐转变为多种经营方式并存。目前我国的农业经营主体主要有四种：一是专业种养大户，二是家庭农场，三是农民专业合作社，四是农业龙头企业。另外还有一批为新型经营主体服务的服务主体，他们从事农业生产托管等的社会化服务。这些主体已成为现阶段我国农业发展的中坚力量。据农业农村部统计，截止到 2018 年底，各类新型农业经营主体和服务主体快速发展，总量超过 300 万家，成为推动现代农业发展的重要力量。

一、种养大户

种养大户是农业生产力水平提升的产物之一，也是实现农业规模化和机械化的可行道路之一。种植大户，指在耕种自身土地的基础上，通过开垦（复垦）、代耕代种，或转入土地等方式实行成片土地经营，专业开展农作物规模种植的农户，其特点是种植规模较大、专业化程度较高。

近年来专业种植大户数量不断增加，逐渐成为现代农业体系中农产品的主要生产者。据农业农村部统计，2016 年中国种粮大户约 68.2 万户，生猪、鸡肉、奶牛规模养殖户数量占比均超过各自总体的 50%。尽管种植大户数量不断增加，但大部分种植大户仍以农户为主体，仅仅是经营规模比较大，其集约化经营水平并不高，且种植的品种单一，甚至带有粗放经营的特点，不符合新型农业经营主体的标准。

从经营主体的法定性看，我国种植大户均属于自然人，并没有通过工商注册，因此没有受到法律保护的合法性；从经营主体的需要看，种植大户需要将小块土地流转为连片的土地以便进行经营管理，但目前来看这种做法具有一定的难度；从经营主体的盈利性看，种植大户经营大面积土地需要大量的资金，现状是种植大户拥有一定的土地资源，但并没有大量的资金供其运用，国家或地区应为种植大户提供国家贷款或其他优惠政策；从经营主体的自我应变灵活度看，种植大户规模较大，一旦遇到政策变化时，因调整方向比较困难，会造成大量损失。

由于种植大户和家庭农场在一些情况下比较容易混淆，而在各地的实践中，政策都是根据家庭农场的情况进行扶持，因此很多符合条件的种植大户也逐步登记为家庭农场，因而近年来主要统计家庭农场的情况。

二、家庭农场

家庭农场是适应我国现代农业发展需要而诞生的一种新型农业经营主体。根据农业农村部《关于实施家庭农场培育计划的指导意见（中农发〔2019〕16 号）》规定，家庭农场以家庭成员为主要劳动力，以家庭为基本经营单元，从事农业规模化、标准化、集约化生产经营，是现代农业的主要经营方式。据农业农村部统计，截至 2018 年底，全国家庭农场达到近 60 万家，其中县级以上示范家庭农场达 8.3 万家。全国家庭农场经营土地面积 1.62 亿亩，家庭农场的经营范围逐步走向多元化，从粮经结合，到种养结合，再到种养加一体化，一二三产业融合发展，经济实力不断增强。全国各类家庭农场年销售农产品总值 1946.2 亿元，平均每个家庭农场 32.4 万元。

家庭农场的优点在于以本地农民为经营者，农业收入为主要收入来源，家庭成员为主要劳动力，适度规模的家庭农场不仅有利于发挥家庭经营的成本优势，维护国家粮食安全，而且能够增加农民就业机会，提高农民收入。与此同时，家庭农场也存在许多弊端：一方面，家庭农场通常位于某个村落，农村教育比较落后，人均受教育年限较低，很难为家庭农场的发展提供充足的人力；另一方面，城乡收入差距过大、无法提供完整地权等都会影响家庭农场的稳定性和积极性，限制经营主体的发展。

三、农民专业合作社

农民专业合作社是在家庭承包经营基础上建立起来的一种新型经营主体，通过农户间的合作，不仅解决了传统农户家庭经营存在的规模不经济问题，而且通过技术、资金等合作，推动了农户生产的集约化水平，对于推广和创新农业新技术、新品种，提高农民组织化程度、增加农民收入、推进农业产业化经营和建设社会主义新农村等方面起到了举足轻重的作用。近年来，农民专业合作社发展势头强劲，已成为推进农业现代化的核心力量之一。根据农业农村部统计，截止到 2018 年底，全国依法登记的农民合作社达到 217.3 万家，是2012 年底的 3 倍多，其中县级以上示范社达 18 万多家。农民合作社规范化水平不断提升，依法按交易量（额）分配盈余的农民合作社数量约是 2012 年的2.5 倍，3.5 万家农民合作社创办加工实体，近 2 万家农民合作社发展农村电子商务，7300 多家农民合作社进军休闲农业和乡村旅游。农民合作社在按交易量（额）返还盈余的基础上，平均为每个成员二次分配 1400 多元，全国有385.1 万个建档立卡贫困户加入了农民合作社[①]。

尽管我国农民专业合作社发展速度较快，但由于其他原因，限制了农民专业合作社的发展：首先，目前我国并没有真正的农业行业协会，对农民专业合作社的发展起到辅助或监管作用，导致农民专业合作社运行不规范，核心成员

---

① 《新型农业经营主体和服务主体高质量发展规划（2020—2022 年）》，农业部 2020 年 3 月发布。

控制合作社现象严重，影响了普通社员的积极性；其次，我国农民专业合作社数量比较少、规模比较小，且经营比较分散，导致其缺乏规模效益和市场竞争力，严重影响了农业市场化的发展。

四、农业龙头企业

农业龙头企业以农产品加工或流通为主，通过各种利益联结机制与农户相联系，带动农户进入市场，使农产品生产、加工、销售有机结合、相互促进，实现贸工农一体化。一般来说，农业龙头企业均具有雄厚的经济实力和先进的生产技术，已成为现代农业体系发展的领头羊。据农业农村部统计，截至2017年底，经县级以上农业产业化主管部门认定的龙头企业数量达到8.7万家。其中国家级重点龙头企业1242家，年销售收入超过1亿元和100亿元的省级以上龙头企业达到8000家和70家，全年农产品加工业主营业务收入超过22万亿元，增速达到7%。农产品加工业固定资产投资累计达到39129亿元，增速为3.9%。随着越来越多的工商资本下乡，农业龙头企业的弊端也逐渐凸显：一方面，部分农业龙头企业借帮助农户的借口，套取政府补贴，浪费我国的耕地资源；另一方面，相对农户来说，龙头企业拥有先进的技术，在农产品加工或流通中具有垄断优势，部分无良企业在农产品流通过程中，容易将经营风险转嫁给农户，损害农民利益。

五、社会化服务组织

在农村青壮年劳动力转移出去的背景下，农村的一些重体力的生产环节，或需要劳动力比较多的生产环节，就需要有相关替代性的服务。20世纪90年代，农村剩余劳动力在刚开始转出去的几年，这些外出劳动力还可以在农忙时临时回家，但随着在外务工的竞争越来越激烈，农民工劳动力的效率也提高了，没有办法回家，特别是在农场留守的老年劳动力越来越难以胜任现在的耕作或管理工作时，社会化的服务供给就应运而生了，特别是农机服务和其他的农技服务。

据农业农村部统计，截止到2018年底，全国以综合托管系数计算的农业生产托管面积为 3.64 亿亩，实现了集中连片种植和集约化经营，节约了生产成本，增加了经营效益。这些托管服务组织的服务对象数量达到 4630 万个（户）。越来越多的新型农业经营主体和服务主体与小农户形成了紧密的利益联结机制，逐步把小农户引入现代农业发展的轨道。

第二节　市场客体的标准化和品牌化

农产品标准化建设是农业市场化理论中对于农产品同质性的必然要求，是现代农业的一个重要特征。随着我国农业生产从传统自然经济向现代市场经济的快速转变，农业的生产目标、增长方式、经营形式等都发生了显著变化，我国农业发展已经进入了一个新的阶段，即农产品供求基本平衡，购买者更加强调农产品品质，农业生产者紧跟市场导向，更加注重种植结构优化，以增加生产收入为目标，注重资本和技术投入的发展阶段。与此同时，我国农产品所面临的国际市场竞争也更加激烈，市场对农业生产发展的作用力也越来越强。在新形势下，如何进一步健全我国农产品标准化体系，不仅是促进农业结构战略性调整、推动农业提质增效、转变农业增长方式的根本需求，还是提高农产品质量、保障消费安全、增强农产品市场竞争力、促进农民增收的重大举措。因而，农产品标准化建设是市场化改革中重要的内容之一。

20 世纪 90 年代初，随着我国经济的不断发展，农业生产连续丰收，国家开始重视农产品质量和安全性问题，在全国范围内逐步推广农业标准化的实践和应用。随着农业标准化实践工作的推进，农业标准化任务从食品安全扩展到了促进产业化发展、农业技术推广普及、农产品分等级和提高市场效率等方面，主要包括农业标准化体系、农业检测体系、农业标准化技术推广体系、农业标准化信息服务体系、农业标准化执法体系、农业标准化认证体系、农业标准化的参与主体。

一、我国农产品标准化发展的主要阶段

我国农产品标准化大体经历了起步、拓展和快速提升三个阶段。

（一）起步阶段（1949～1977 年）

早在新中国成立之时，我国财政经济委员会中就设有标准规格处，统筹全国标准化方面的工作。1962 年，国家又发布《工农业产品和工程建设技术标准管理办法》，其中明确提出"由国家收购作为工业原料的、出口的以及对人民生活有重大关系的重要农产品，必须制定标准"。1963 年，我国召开了第一次标准化会议，与此同时，国家科学技术委员会也公布了我国首个十年标准化发展规划，对我国的代号和编号做了统一规定，对农产品标准化也提出了具体要求"在农业方面，本着促进生产，提高产量、质量，满足人民生活、供应出口和工业发展的需要，制定主要的种子、种畜标准，农、牧、水产、林产的分类、分级标准，及有关贮藏、保管等方面的标准"，并且指定国家若干研究机构作为我国标准化核心单位，负责各行各业标准的起草及管理工作，成立了国家标准化综合研究所及技术标准出版社。这些标准化思路及标准体系的初步建立也推动了农产品标准化的工作，农业部门也相应制定了若干农产品标准，如种马饲养及种子检验办法等。1972 年国家对标准化的工作进行了进一步的优化与调整，新成立了国家标准计量局，统管国家标准化工作，原国家科委下属的标准局撤销。

在农产品标准化起步阶段，尽管我国在新中国成立伊始就着手农产品标准化方面的工作，但进展却十分缓慢。其主要原因在于我国农业还处于传统小农阶段，农业产业经营分散化，依靠经验的生产方式及极低的抗风险能力使得生产者和管理者对农业标准化毫无兴趣，对农业标准化的了解及兴趣不足；长时期的农产品短缺，农产品市场处于供不应求阶段，政府的主要精力也在于解决我国农产品的数量问题，绝大多数消费者也只关心农产品的数量要求，无暇顾及农产品的质量及标准化问题；另外，恶劣的国际环境使国家缺少与发达国家交流学习的机会，不了解发达国家农业标准化发展的水平，不熟悉发达国家农业标准化的经验，农业标准化的进展只能依靠自己的探索，致使农业标准化水平和发展速度都处在比较低的阶段。

（二）拓展阶段（1978～1995 年）

拓展阶段，即逐步展开阶段。改革开放迎来了全新的历史时期，各项工作面临前所未有的大改变、大突破，标准化工作也受到国家的重视。1978 年，国家决定成立标准总局负责我国标准化工作，撤销由中国科学院代管的原国家标准计量局，新成立了中国标准化协会负责标准化的宣传、推广及学术交流工作，成立了中国标准情报中心负责收集、研究、发布标准化信息。同年 8 月，我国成功加入国际标准化组织（ISO），标志着我国的标准化工作迎来了崭新的阶段。1982 年国务院批准了《关于加强标准化工作的报告》。1985 年，国家标准局、农牧渔业部在江西联合召开第一届全国农业标准化工作会议，提出了"针对农业经济发展，加速农业标准制修订工作，不断提高标准技术水平"的指导思想。

1986 年，国家标准局决定实行产品质量认证标志制度。1988 年，第七届全国人民代表大会常务委员会第五次会议通过《中华人民共和国标准化法》，这是国家为了发展社会主义商品经济、促进技术进步、改进产品质量、提高社会经济效益、维护国家和人民的利益，使我国标准化工作适应社会主义现代化建设和发展对外经济关系的需要，第一次制定关于标准化方面的专门法律，同时国务院决定撤销原国家标准局、国家计量局、国家经委质量局，将三家单位合并为国家技术监督局，负责全国标准化、计量和质量工作并进行执法监督工作。1990 年，国务院第 53 号令发布了《中华人民共和国标准化实施条例》，规定了标准的对象、标准化工作的管理、标准的制定、标准的实施与监督、法律责任等。1991 年，国家为实现农业现代化，促进农业技术进步，改进农产品质量，增加产量，提高生产效益，由国家技术监督局发布《农业标准化管理办法》，并于同年召开第二次全国农业标准化工作会议。1995 年，国家技术监督局又发布《查处食品标准标签违法行为规定》，并开始探索在全国范围内建立农业标准化示范区。

在这一阶段，我国各方面的标准化工作节奏更快，力度更强，深度更大。在农产品标准化方面开展了许多工作，取得了一些成绩。从总体上看，国家标准化的工作重点仍然是工业标准化，但是伴随着农业和农村的发展，全国范围内农产品短缺状况已经结束，农业已经出现了从数量型向质量效益型转变的萌芽，农业增长方式也从小农粗放经营模式慢慢地向集约型转变，越来越多的农产品从国内市场走向了国际市场，在这种新形势下，对农产品的质量安全、标准化以及标准化的管理提出了新的要求。

（三）快速提升阶段（1996 年至今）

1996 年，国家技术监督局和农业农村部联合召开了第三次全国农业标准化会议，提出"提高认识，狠抓落实，全面加强农业标准化工作，为发展高产优质高效农业做出新贡献"，确定了农业标准化工作的"九五"计划和 2010 年远景规划。国家技术监督局发布了《关于加强农业标准化和农业监测工作，促进高产优质高效农业发展的意见》，明确表示"原有的标准已不能完全满足农业和农村经济发展的需要，必须根据新的情况，针对农、林、牧、渔各业的产前、产中、产后全过程建立健全农业标准体系"。

总体来看，这一新的体系"要从确保农副产品有效供给和农民收入稳定增加的目标出发，突出四方面内容：一是农副产品等级标准；二是种子、苗木、种畜禽、水产种苗等品种和用种质量标准以及农用生产资料质量标准；三是农艺技术规范；四是农副产品包装、储藏（冷藏）和运输标准"。这标志着我国农业标准化工作进入了一个新的阶段。1998 年，国家技术监督局更名为国家质量技术监督局，负责全国的标准化、计量、质量、认证等工作，并行使执法监督职能，更名突出了质量、认证的内容，强化了执法监督的职能。2001 年，成立了中国国家标准化管理委员会，又合并了国家技术质量监督局和国家出入境检验检疫局，组建了中华人民共和国国家质量监督检验检疫总局，同年 11 月 10 日中国加入世界贸易组织，成为 WTO 第 143 个成员国，标志着我国对外开放达到了一个新层次。

2002 年，国务院七部委联合发布《关于推进采用国际标准的若干意见》，提出"采用国际标准和国外先进标准是我国的一项重大技术经济政策，是促进技术进步、提高产品质量、扩大对外开放、加快与国际惯例接轨的重要措施"，表明国家推动各行业标准与国际标准接轨。2005 年，农业农村部将农产品标准化作为农业和农村经济工作的下一个主攻方向。在各地方、各部门的共同努力下，我国农产品标准化工作在新时期有序进行，并取得了很大的进步。同时，农产品生产者、经营者的标准化意识也不断增强，标准化工作得到人们的理解和接受。通过推行农产品标准化，使得先进农业技术得以应用，农产品生产企业和农户标准化、规范化操作逐渐增多，农产品质量安全水平不断提高，提高了农产品的市场竞争能力。

二、我国农产品标准化现状

我国的农产品标准化工作在改革开放后取得了相当大的成绩，特别是加入国际标准化组织（ISO）及世界贸易组织（WTO）后，通过与农产品标准化起步早、发展成熟的国家进行交流与学习，更是取得了长足的发展，具体表现在以下几个方面。

（一）农产品标准化体系逐步形成

目前，我国农产品标准化体系初步形成了以国家标准为主，行业标准、地方标准和企业标准与国家标准相配套，覆盖农产品产前、产中、产后全产业链的农产品标准体系。

"十一五"期间，我国农业及农产品标准化扎实开展，共制定农业国家标准和行业标准 1800 多项，农业国家标准和行业标准总数已超过 4800 项，基本覆盖各类农产品，贯穿产前、产中、产后全过程。2010 年我国新认证无公害农产品、绿色食品、有机农产品和农产品地理标志（简称"三品一标"）超过 1.2 万个，全国"三品一标"总数已突破 8 万个，认定产地占食用农产品产地总面积 30% 以上，认证农产品占食用农产品商品量 30% 以上。制定农药残留限量标准 4140 项、兽药残留限量标准 1584 项，基本覆盖我国常用农兽药品种和主要食用农产品。探索创建国家级农业标准化示范县（场）503 个，规划建设蔬菜水果茶叶标准园 819 个、畜禽养殖标准示范场 1555 个、水产健康养殖场 500 个。

通过实施标准化生产，有力推动了农产品生产方式转变，促进了农业产业化经营和规模化发展。农产品质量安全国际合作交流日益深化，成功申办国际食品法典农药残留委员会（CCPR）主持国，已举办 4 届 CCPR 会议。我国在国际食品法典等国际标准制定中的影响力不断提升。同时，各省市也根据地方农业资源特征、农业生产特色和地方优势农产品发展需求，在国家标准、行业标准的基础上，制定了地方农业标准 15000 多项。

"十二五"期间，我国农产品标准化生产全面启动，共制定发布农业行业标准 5121 项，各地方根据自身情况及特点新制定农业生产技术规范 1.8 万项。创建园艺作物标准园、热带作物标准化生产示范园、畜禽养殖标准化示范场和水产健康养殖示范场 10059 个，创建标准化示范县 185 个。全国有效期内的无公害、绿色、有机和地理标志产品总数达到 10.7 万个①。

"十三五期间"，根据农业农村部规划，我国会继续大力推进农业及农产品标准化，完善标准体系。国家 2016 年开始实施《加快完善农兽药残留标准体系行动方案》，加快制定农兽药残留、畜禽屠宰、饲料安全、农业转基因等国家标准，进一步完善促进有关农业产业发展行业标准，基本实现农产品生产有标可依、产品有标可检、执法有标可判。国家会继续支持地方加强标准集成转化，制定与国家标准、行业标准相配套的生产操作规程，让农民易学、易懂、易操作。国家鼓励规模生产主体制定质量安全内控制度，实施严于食品安全国家标准的企业标准。有关部门也会积极参与或主导制定国际食品法典等国际标准，开展技术性贸易措施官方评议，加快推进农产品质量安全标准和认证标识国际互认②。

"十三五"规划中，特别强调推进农产品"三品一标"发展，强调加快发展无公害农产品，积极发展绿色食品，因地制宜发展有机农产品，稳步发展地理标志农产品，打造一批知名区域公共品牌、企业品牌、农产品品牌，以品牌化引领农产品标准化生产。国家会加大政策扶持力度，支持创建"三品一标"生产基地，全面推行质量追溯管理，推动规模生产经营主体发展"三品一标"。借助农产品展示展销活动和网络电商平台，开展"三品一标"宣传推介，提高安全优质农产品的品牌影响力和市场占有率。严格"三品一标"产品的准入条件，加强"三品一标"证后监管，提高"三品一标"品牌公信力。

（二）农产品标准化管理体制进一步优化

我国农业农村部和各省、自治区、直辖市农业部门都设置了专门的农产品标准化管理机构。在技术方面，成立了全国性农业标准化专业技术委员会和技

---

① 《农产品质量安全发展"十二五"规划》。
② 《"十三五"全国农产品质量安全提升规划》。

术归口单位 20 多个，负责对标准的技术性和实用性进行审查，农产品标准化在整个国家标准体系中，成为不可或缺的重要组成部分。目前，我国已基本形成了省地县乡农产品质量安全监管、"三品一标"推广、风险评估、应急处置和综合执法紧密衔接配套的农产品质量安全监管体系。此外，我国农产品标准实施的监督力度也在逐年增强，农业部门每年都要安排 5~6 大类 20~30 个品种的质量监督、检查和普查工作。

"十三五"规划明确表示要健全完善的制度机制，重点是推动法制建设、加强各部门协作联动、实施社会共治。法制建设以加快推进《农产品质量安全法》修订，尽快实现与新的《食品安全法》等相关法律法规的有机衔接为目标；不断完善农业投入品、畜禽屠宰、监督抽查、质量追溯、风险评估、生产经营主体责任等法规制度，配套制定相关实施细则和管理规范；推动农产品质量安全地方立法，健全农产品质量安全全程监管法律制度。加强各部门协作，强调与卫生计生、工商、食药、公安等部门的协调配合，加强部门会商研判和协同合作，健全产地准出与市场准入、行政执法与刑事司法衔接机制，构建联席会商、信息通报、案件移送、涉案产品处置等协作机制，联合开展重大问题调研、重大问题整治和重大案件查处；动员和利用现有农业行政、执法、检测、"三品一标"、风险评估、科研推广等公共资源，聚焦重点任务，落实监管责任，加快推动形成上下贯通、相互联动的农产品质量安全监管工作机制。

社会共治的目的在于支持社会力量参与农产品质量安全监督，建立农产品质量安全和农资打假举报投诉奖励制度，畅通投诉举报渠道。依法公开行政许可、行政处罚、监督抽查等信息，实现监管工作透明公开。推进农产品质量安全信用和农业征信体系建设，构建农产品质量安全信用数据库，完善信用信息归集、共享、公开、应用机制。鼓励相关行业协会开展信用评价和行业自律，引导农业投入品和农产品生产经营者自觉遵守农产品质量安全相关法律法规和技术规范。

（三）农产品标准化法律法规和检测体系逐步建立，农产品质量监管队伍基本构建完成

自 1991 年我国颁布《中华人民共和国产品质量认证管理条例》以来，全

国各地均加强了农产品标准的制定和实施，农产品标准化工作取得了较快进展。此后，我国又先后颁布了《标准化法实施条例》《食品安全法》《农产品质量安全法》等一系列与农产品标准化相关的法规和部门规章，极大地推动了国内农产品标准化工作，规范了农产品标准体系的建设，使农产品标准化工作步入了法制管理的轨道，为依法行政、依法治农奠定了基础。此外，我国农业质量监督体系建设成效显著，已形成了以国家级产品质检中心为核心，部级质检中心和省、市、县检测机构相辅相成的遍布全国的检验检测体系。

"十二五"期间，我国所有省（区、市）、86%的地市、75%的县（区、市）、97%的乡镇建立了农产品质量安全监管机构，落实监管人员11.7万人。30个省（区、市）、276个地市和2332个县（区、市）开展了农业综合执法，支持建设部、省、地、县四级农产品质检机构3332个，落实检测人员3.5万人，每年承担政府委托检测样品量1260万个。执法监管工作深入推进，持续实施农药、"瘦肉精"、生鲜乳、兽用抗菌药、水产品、生猪屠宰、农资打假等专项治理行动。全国累计共查处各类问题17万余起，查处案件6.8万件。三聚氰胺连续7年监测全部合格，"瘦肉精"监测合格率处于历史最好水平。国家例行监测范围扩大到151个大中城市、117个品种、94项指标，基本涵盖主要城市、产区、品种和参数。各地例行监测工作全面启动，监督抽查和专项监测依法开展。

同时，全国人大常委会修订了《食品安全法》，国务院对食品安全监管体制进行重大调整。农业农村部、食品药品监管总局签订了农产品质量全程监管合作协议，联合印发了加强农产品质量监管工作指导意见，厘清职责分工，建立无缝衔接工作机制。农业农村部加快推进国家农产品质量追溯管理信息平台建设，组织各地开展追溯试点，努力建立"从农田到餐桌"全链条监管体系，监管制度机制逐步理顺。

"十三五"规划中，着重强调加强监管队伍能力建设，健全监管队伍，提升检测能力。下一步的工作重点是建立健全农产品质量安全监管机构，"菜篮子"大县全部建立监管机构，充实监管人员，落实监管经费。推动乡镇一级进行农产品质量安全监管服务机构标准化建设，统一明确乡镇监管站（所）

的机构职能、人员配备、设施能力、管理制度和工作开展等要求，通过"特岗计划"等方式为乡镇充实一批专业技术人员。

支持有条件的地区，加快配备村级农产品质量安全协管员，协助开展技术指导服务和督导巡查工作。加强农业综合执法队伍建设，将农产品质量安全作为农业综合执法重要任务。组织开展农产品质量安全法律法规、标准、认证、质量安全县创建、追溯管理、应急处置等培训。加强国际交流合作，学习借鉴国外风险评估、全程控制先进技术，培养农产品质量安全国际交流与合作的专业人才。加强农产品质检体系建设和运行管理，强化已验收项目质检机构的资质认定与考核，督促地方充实检测人员，落实工作经费。按照大农业架构和综合建设方向，稳步推进农业系统检验检测资源整合，逐步形成与食品安全检验检测相互衔接、并行共享的全国统一的农产品质量安全检验检测体系。积极推动实施农产品质量安全检测员职业资格制度，开展农产品质量安全检测技术比武、岗位练兵和技术培训，不断提升检测人员的能力素质和技术水平。

三、我国农产品的品牌化

在我国农产品标准化推进的过程中，企业特别关注品牌化，通过品牌的系列化、差异化等满足更多消费者的需求，同时，各地政府也从当地特色出发，结合生产传统，积极推动地理标志建设。这也是在农产品市场竞争日益激烈的背景下，广大企业和各地政府的经济应对。

2014 年，农业农村部对外发布了《中国农产品品牌发展研究报告》，对我国农产品品牌的发展进行了全面的分析。根据报告，2013 年通过农业农村部、国家市场监督局认定的所有不重复的农产品地理标志 2838 个，前五位分别为山东、四川、福建、浙江和湖北，合计 1112 个品牌，占到全国的 39.18%。另外，根据《中国品牌农业年鉴》（2018）公布的数据，2017 年我国"三品一标"[①] 总数接近 12.2 万个，具体见表 4-1。

---

① "三品一标"，即无公害农产品、绿色食品、有机农产品和农产品地理标志的统称。"三品一标"是政府积极倡导建立的安全优质农产品公共品牌。

表 4-1 2017 年中国"三品一标"数量

类型	绿色食品		无公害农产品		农产品地理标志产品	
项目	企业数	产品数	企业数	产品数	企业数	产品数
数量	10859	25746	43171	89431	—	2242

资料来源:《中国品牌农业年鉴》(2018),中国农业出版社 2019 年版。

好的品牌也意味着好的质量和好的企业声誉,近年来我国农产品质量水平也有了较大提高,农产品质量安全事件较大程度降低。这都得益于市场竞争的加剧,生产者信誉意识的提高和政府监管体系的日益健全。

第三节 市场信息的完善性和透明化

我国农业信息化建设起步较晚,直到"十二五"期间,我国才由农业农村部负责编制发布了第一个全国性农业农村信息化发展五年规划——《全国农业农村信息化发展"十二五"规划》,成立了农业农村部农业信息化领导小组,专门负责农业农村信息化工作的统筹协调和组织领导,推动信息技术向农业农村渗透融合。但是随着国家经济发展,社会公共服务进步,农村基础设施改善,互联网经济蒸蒸日上,我国农业信息化的建设在此之前也取得了一定的成就,这就为今后的建设打下了坚实的基础。

一、农业信息化建设现状

(一)信息化基础明显改善

(1)基础设施明显改善。经过多年的建设,我国农业农村信息化基础设施明显改善,"村村通电话""乡乡能上网"完全实现,广播电视"村村通"也已基本实现。根据《"十三五"全国农业农村信息化发展规划》,2015 年底行政村通宽带比例达到 95%,农村家庭宽带接入能力基本达到 4 兆比特每秒,农村网民规模增加到 1.95 亿,农村互联网普及率提升到 32.3%[①]。2015 年底,

---

[①] 《"十三五"全国农业农村信息化发展规划》,农业农村部 2016 年 8 月 29 日发布。

工业和信息化部会同财政部正式启动了电信普遍服务试点工作，推进农村和偏远地区光纤和4G网络覆盖。2017年，行政村通宽带的比例已经超过了96%，贫困村宽带的覆盖率已经达到了86%。据工业和信息化部信息通信发展司数据，截止到2019年8月我国行政村通光纤和通4G比例均超过98%，提前实现了《国家十三五规划纲要》2020年的目标，农村信息化发展的基础设施支撑能力明显增强。

（2）农业信息化科研体系初步形成。进入21世纪以来，中央进一步加强了农业信息化科研体系建设。"十一五"期间（2006～2010年），农业信息技术实现初步应用，农业生物环境信息获取与解析、农业无线传感网络、农业过程数字模型与系统仿真、虚拟农业与数字化设计、精准农业与自动监控、呼叫中心、移动通信、互联网等一大批关键信息技术已经在农村综合信息服务、农业政务管理、农业生产经营以及农产品流通等领域开展了相关应用推广工作，并且发展迅速。"十二五"期间（2011～2015年），农业信息技术学科群建设稳步推进，全国范围内已经建成2个农业农村部农业信息技术综合性重点实验室、2个专业性重点实验室、2个企业重点实验室和2个科学观测实验站；一大批科研院所、高等院校、IT企业相继建立涉农信息技术研发机构，支持国家农业信息化建设，也研发推出了一批拥有自主知识产权的核心关键技术产品，科技创新能力明显增强；先后两批认定了106个全国农业农村信息化示范基地。

（3）农业信息资源建设成效显著。"十一五"时期，我国基本建成覆盖部、省、地市、县的农业网站群，各级农业部门初步搭建了面向农民需求的农业信息服务平台，为农民提供科技、市场、政策等各类信息。据统计，我国农业网站数量达31000多家，其中政府建立的有4000多家。农业农村部相继建设了农业政策法规、农村经济统计、农业科技与人才、农产品价格等60多个行业数据库①。

（4）信息化服务体系基本健全。经过"十一五"的建设，"县有信息服务

---

① 《全国农业农村信息化发展"十二五"规划》。

机构、乡有信息站、村有信息点"的格局基本形成，全国100%的省级农业部门设立了开展信息化工作的职能机构，97%的地市级农业部门，80%以上的县级农业部门设有信息化管理和服务机构，70%以上的乡镇成立了信息服务站，乡村信息服务站点超过100万个，农村信息员超过70万人。到了"十二五"时期，农业信息化服务全面提升。"三农"信息服务的组织体系和工作体系不断完善，形成政府统筹、部门协作、社会参与的多元化、市场化推进格局。农业农村部网站能够及时准确发布政策法规、行业动态、农业科教、市场价格、农资监管、质量安全等信息，日均点击量达到860万人次，成为服务农民最有权威性、最受欢迎的农业综合门户网站，覆盖部、省、地、县四级的农业门户网站群基本建成；12316"三农"综合信息服务中央平台投入运行，形成了部省协同服务网络，服务范围覆盖到全国，年均受理咨询电话逾2000万人次；启动实施信息进村入户试点，试点范围覆盖到26个省份的116个县，建成运营益农信息社7940个，公益服务、便民服务、电子商务和培训体验开始进到村、落到户；基于互联网、大数据等信息技术的社会化服务组织应运而生，服务的领域和范围不断拓展。

（二）农业信息化发展环境得到优化

（1）工业化发展为农业信息化发展提供了支撑。工业化进一步发展将为农业信息化发展提供技术、装备和财力支持。当前，我国工业化进程推进迅速，工业化的成果将广泛应用和服务于农业信息化的发展，用现代科技改造传统农业，用现代物质条件装备农业。类似物联网、大数据、空间信息、移动互联网等信息技术在农业生产的各方面得到不同程度的应用，这些先进的技术不仅将大大提升农业生产效率，也为农业信息化的发展提供了强有力的支撑。

（2）城镇化发展为农业信息化发展创造了条件。当前，我国国民经济高速协调发展，城乡一体化进程加速推进，公共社会资源在城乡之间的配置进一步均衡，生产要素在城乡之间自由流动加强，农业劳动力转移加快，土地流转加速，农民专业合作社进一步壮大，为农业信息化的发展创造了有利条件。

（3）农业现代化进程为信息化发展带来了契机。"十三五"时期是加快建设现代农业的重要机遇期，建设高产、优质、高效、生态、安全的现代农业。

在大田种植上，遥感监测、病虫害远程诊断、水稻智能催芽、农机精准作业等开始大面积应用；在设施农业上，温室环境自动监测与控制、水肥药智能管理等加速推广；在畜禽养殖上，精准饲喂、发情监测、自动挤奶等在规模以上养殖场实现广泛应用；在水产养殖上，水体监控、饵料自动投喂等集成应用；国家物联网应用示范工程智能农业项目和农业物联网区域试验工程深入实施，已经在全国范围内总结推广了共 426 项节本增效农业物联网软硬件产品、技术和模式，这为我国农业信息化的发展带来了良好的契机。

（4）农业信息化进入崭新的阶段。"十三五"时期，国家信息基础设施建设力度进一步加大，农村地区宽带网络建设进一步加强。农民的人均收入将有较大幅度提升，农民的信息消费意识、消费需求和消费能力将普遍增强，农村电子商务在全国各个角落如火如荼，农产品进城与工业品下乡双向流通的发展格局正在形成。农产品电子商务进入高速增长阶段，2015 年农产品网络零售交易额超过 1500 亿元，比 2013 年增长 2 倍以上，2018 年农产品网络销售额更是达到 3000 亿元①，3 年内翻了一番，通过网络渠道销售农产品的生产者增量明显，农产品交易种类尤其是鲜活农产品品种日益丰富。农业生产资料、休闲农业及民宿旅游电子商务平台和模式不断涌现，农产品网上期货交易稳步发展，农产品批发市场电子交易、数据交换、电子监控等逐步推广。

二、农业信息的不对称及其原因

信息不对称是在农产品市场交易活动中，交易双方对于面临选择的有关经济变量所拥有的信息并不完全相同，一方得到的信息多，另一方得到的信息少，这种状况会严重影响市场的运行效率。就农产品市场而言，在农产品的生产、流通、销售、消费各环节都存在大量的信息不对称现象，包括农产品质量信息不对称、农产品供求信息不对称、农产品价格信息不对称等，主要可以分为三类：一是买方与买方之间的信息不对称，二是买方与卖方之间的信息不对称，三是卖方与卖方之间的信息不对称。

---

① 新华网. 2018 年农产品网络销售额达 3000 亿元［EB/OL］. http：//www. xinhuanet. com/politics/2019 - 04/21/c_ 1124396252. htm.

农产品信息不对称的原因主要包括几个方面：一是农业生产容易受到自然因素的影响，使农产品质量具有不确定性，导致农产品的供给和需求不同步。二是农资供应商与农产品生产者之间的信息不对称，农产品生产需要种子、化肥等要素，农民需要从供应商那里购买，由于农民整体教育水平低，获取信息的能力较差，并且在获取信息后，缺乏对信息价值的有效分析和评价，而农资供应商拥有快速获取市场信息的能力，因而造成双方的信息不对称，农资供应商可能因个人的投机行为向农产品生产者提供假种子、不合格的化肥等，影响农产品质量安全。三是农产品的生产者和经营者在进行交易时，都想谋取最大利益，生产者有可能对生产农产品所投入的化肥、农药的施用进行隐瞒，经营者就只能凭农产品的外观进行质量判断，这也会导致农产品质量信息存在潜在的隐患。四是消费者向经营者购买农产品时，经营者为了提高物价，赚取更多利润，对于农产品加工过程中所使用的添加剂、质量是否达到标准等一系列信息进行隐瞒或者欺骗，导致信息不对称。五是我国的农产品市场体系还未健全，信息公开化程度低，未能通过一条合理的、高效的途径将市场信息传递给交易双方，在信息传达过程中，可能会造成信息失真，导致信息不对称。

第四节　行业进入的自由化和灵活性

传统的行政审批和从业资格是两个限制行业进入的重要壁垒。随着我国改革开放的不断深入，特别是在加入 WTO 和"一带一路"背景下，迫于国内外环境的要求，我国在简化行业进入手续、取消不必要的行政审批和不必要的从业资格方面都取得了很大的进展。当然，在反对或打破垄断方面，我国的改革也取得了巨大成就。

一、取消行业进入壁垒

2001 年政府启动了行政审批改革，为企业自由进入和退出一个行业创造了更加宽松的环境。据统计，2001～2012 年国务院已分 6 批共取消和调整了

2497 项行政审批项目，占原有总数的 69.3%。2013～2016 年，又分 9 批审议通过取消和下放的国务院部门行政审批事项共 618 项，其中取消 491 项、下放127 项①。

2016 年 1 月，国务院还取消了 61 项职业资格许可和认定事项（国发〔2016〕5 号），6 月又取消 47 项职业资格许可和认定事项（国发〔2016〕35号），主要是两方面：①取消 9 项专业技术人员职业资格许可和认定事项（准入类 8 项，水平评价类 1 项），包括价格鉴证师、招标师、物业管理师等；②取消 38 项技能人员职业资格许可和认定事项（均为水平评价类）。取消这些不必要的职业资格许可和认定事项，是降低制度性交易成本、推进供给侧结构性改革的重要举措，也是为大中专毕业生就业创业和去产能中人员转岗创造便利条件。

2016 年 12 月，国务院进一步取消 114 项职业资格许可和认定事项（国发〔2016〕68 号），包括：①取消 7 项专业技术人员职业资格许可和认定事项（其中准入类 3 项，水平评价类 4 项）；②取消 107 项技能人员职业资格许可和认定事项（均为水平评价类）。国务院特别强调减少职业资格许可和认定事项是推进简政放权、放管结合、优化服务改革的重要内容，也是深化人才发展体制机制改革和推动大众创业、万众创新的重要举措。

2017 年 1 月，国务院决定第三批取消 39 项中央指定地方实施的行政许可事项。另有 14 项依据有关法律设立的行政许可事项，国务院将依照法定程序提请全国人民代表大会常务委员会修订相关法律规定（国发〔2017〕7 号）。

2017 年 9 月，国务院取消 40 项国务院部门实施的行政许可事项和 12 项中央指定地方实施的行政许可事项。另有 23 项依据有关法律设定的行政许可事项，国务院将依照法定程序提请全国人民代表大会常务委员会修订相关法律规定（国发〔2017〕46 号）。

2018 年 2 月，继续取消和下放 64 项行政审批项目和 18 个子项，另建议取

---

① 国务院先后以以下文件形式发布这些取消的行政审批：先后以国发〔2013〕19 号、国发〔2013〕27 号、国发〔2013〕44 号、国发〔2014〕5 号、国发〔2014〕27 号、国发〔2014〕50 号、国发〔2015〕11 号、国发〔2015〕27 号、国发〔2016〕10 号等。

消和下放 6 项依据有关法律设立的行政审批项目。

2018 年 7 月，国务院取消 11 项行政许可等事项。另有 6 项依据有关法律设定的行政许可事项，国务院将依照法定程序提请全国人民代表大会常务委员会修订相关法律规定。

2019 年 2 月，国务院决定取消 25 项许可事项，下放 6 项行政许可事项的管理层级。另有 5 项依据有关法律设定的行政许可事项，国务院将依照法定程序提请全国人民代表大会常务委员会修订相关法律规定。

多年来，政府一直坚持"放管服"改革①，党的十九大以后，我国签署的第一和第二个国家主席令就分别是《中华人民共和国反不正当竞争法》（修订，2018 年 1 月 1 日起施行）和《中华人民共和国标准化法》（修订，2018 年 1 月 1 日起施行），这充分表明了政府在推进新时代市场化改革的信心和决心，同时进一步付诸了实际行动。

二、打破行业垄断

农业作为第一产业，生产的产品均为必需品，从这个层面讲，农产品基本接近完全竞争市场。但由于农产品（特别是食品）对质量安全的要求更高，加工企业往往需要对原材料的生产、农产品的生产有一定的控制或影响力，因而食品加工业往往更容易出现全产业链经营。甚至在全球粮食大市场中，四大粮商都有很大的垄断力。国内不同类型的龙头企业拥有不同的市场势力，其在市场上的获利能力、竞争能力、对农户的带动力不同。在农业市场化进程中，龙头企业起了不可替代的作用，但一些规模较大的龙头企业也存在垄断的可能性，农产品经营活动涉及农产品的生产、加工、销售、运输、储存等环节，每一环节都可能会产生垄断。

按照企业在市场上拥有的垄断势力大小，可以分为买方垄断势力、卖方垄断势力和混合型（同时具有买方垄断和卖方垄断）。买方垄断企业包括一些乳

---

① 放管服，是简政放权、放管结合、优化服务的简称。"放"即简政放权，降低准入门槛。"管"即创新监管，促进公平竞争。"服"即高效服务，营造便利环境。"放管服"是 2015 年 5 月 12 日，国务院召开全国推进简政放权放管结合职能转变工作电视电话会议，首次提出的。

业加工企业、蔬菜加工企业、肉类加工企业等，在乳产品市场上，买方具有逐级寡头垄断势力。对于奶牛养殖户来说，奶牛养殖户面对的奶价由收购生鲜乳的中间商决定，收购生鲜乳的中间商具有明显的垄断势力；对于中间商来说，其面对的奶价是由乳产品加工企业决定的，加工企业具有明显的垄断势力。无论哪一个品种，龙头企业在对农户或者农合组织的农产品进行收购时，农户和企业之间并没有具有法律效力的合同，也没有其他约束性条件，在此种情况下，农产品价格就失去了保障，而农户或农业合作组织在产品议价方面就处于被动地位。卖方垄断企业主要包括销售种子、化肥的企业等。对于农户来说，其在购买农作物种子、化肥时，销售企业具有垄断势力，价格一般由销售企业决定，因企业与农户之间并无签订协议，当出现种子发芽率低、化肥无效时，农户就无法向销售企业讨回公道。混合型垄断主要表现为既作为买方又作为卖方的企业，这些企业一般都是势力比较大的企业，比如一些乳制品企业在对当地羊奶、牛奶收购之后进行一系列加工，再转卖给销售公司，在这一过程中，乳制品企业在收购羊奶、牛奶时拥有买方垄断势力，在经过加工后转卖给销售公司时拥有卖方垄断势力。

以上企业对于农产品市场化发展具有重要作用，与此同时，也是这些大型垄断企业的存在阻碍了其他企业的进入。要实现农产品市场化，必须对现有的垄断企业进行管理，规范市场化秩序。

中国政府一方面允许更多的企业进入农产品生产和加工领域，同时对于一些大规模企业是否会形成垄断也密切监测。特别是对于国有粮油企业，比如中粮集团，为了防止出现垄断，对其业务进行了拆分，比如中粮集团，作为国有资本投资公司改革试点企业，对中粮集团积极进行企业体制机制改革，构建中国农粮食品领域的国有资本投资平台、资源整合平台和海外投资平台，不断聚焦核心主业，推进专业化经营，形成了以核心产品为主线的18个专业化公司，目前旗下拥有13家上市公司，有中国食品、蒙牛乳业、中粮包装、大悦城地产、中粮肉食、福田实业、雅士利国际、现代牧业8家香港上市公司，以及中粮糖业、酒鬼酒、大悦城控股、中粮生物科技、中粮资本5家内地上市公司。

第五节 市场体系的规范化和系统性

1992 年，中国政府制定了建立社会主义市场经济体制的发展战略，如果从此时算起，中国的市场化改革仅仅走过了不到 28 个年头。但是，中国农业市场化取得的成绩则是有目共睹的。

一、完善的农产品市场体系

从市场体系来看，政府充分规划和引导各种形式的市场发展，包括收购市场（农村集贸市场等）、城乡批发市场、城乡零售市场（超市、专卖店、社区小店等）、期货市场（大宗商品交易）、电子商务（网络销售）等。

本书在第一章第四节详细介绍了先导农村市场体系，它既涉及要素市场也涉及产品市场、既涉及收购市场，也涉及批发和零售市场、既涉及现货市场也包括期货市场、既涉及实体的有形市场，也包括网上虚拟市场。

2018 年我国亿元以上商品交易市场合计 4296 个，其中综合市场 1254 个，专业市场 3042 个（见表 4－2）。在综合市场中，农产品综合市场 648 个，占总数的 51.67%。在专业市场中，农产品市场 853 个，农用生产资料市场（包括农业用具）31 个，分别占专业市场总数的 28.04% 和 1.02%。可以看到，农产品和农用生产资料主要在综合市场中交易。

表 4－2　2018 年亿元以上农业生产资料和农产品商品交易市场

市场	市场数量 （个）	摊位数 （个）	营业面积 （万平方米）
总　　计	4296	3178423	29190.63
综合市场	1254	1183218	8054.85
农产品综合市场	648	389193	2573.07
专业市场	3042	1995205	21135.78
1. 生产资料市场	549	263071	5939.90

续表

市场	市场数量 （个）	摊位数 （个）	营业面积 （万平方米）
农业生产用具市场	14	4703	165.69
农用生产资料市场	17	3309	48.51
2. 农产品市场	853	469951	4000.17
粮油市场	85	20534	318.51
肉禽蛋市场	101	40328	302.79
水产品市场	134	65341	471.19
蔬菜市场	244	169181	1539.49
干鲜果品市场	113	62156	618.10
棉麻土畜、烟叶市场	11	17419	121.74
其他农产品市场	165	94992	628.36

资料来源：《中国统计年鉴》（2019），国家统计局。

从农产品市场内部结构来看，蔬菜市场数量占比最大，约占29%，棉麻土畜烟叶市场数量最少，约占1%（见图4-1）。市场摊位数和营业面积的结构也类似，都是蔬菜市场占比最大。

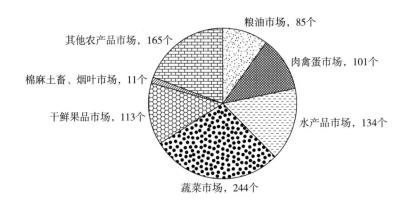

图4-1 各类农产品专业市场个数

二、活跃的农产品市场交易

从城乡社会消费品零售与网上零售来看，2019 年我国全年社会消费品零售总额 411649 亿元（见图 4 – 2），比上年增长 8.0%。其中，乡村消费品零售额 60332 亿元，增长 9.0%；城镇消费品零售额 351317 亿元，增长 7.9%①。

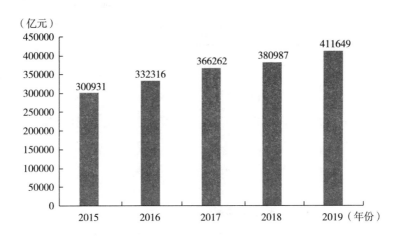

图 4 – 2　2015 ~ 2019 年全社会消费品零售总额

资料来源：《中华人民共和国 2019 年国民经济和社会发展统计公报》，国家统计局。

在限额以上单位商品零售额中，农产品的流通的增长还是比较活跃的，其中粮油、食品类零售额比上年增长 10.2%，饮料类增长 10.4%，烟酒类增长 7.4%，要快于服装、鞋帽、针纺织品类等的增长。

2019 年全年网上零售额② 106324 亿元，按可比口径计算，比上年增长 16.5%（见表 4 – 3）。可以看到网上零售，占到全社会消费品零售总额 25.83%。其中，全年实物商品网上零售额 85239 亿元，按可比口径计算，比上年增长 19.5%，占社会消费品零售总额的比重为 20.7%，比上年提高 2.3 个百分点。

①　中华人民共和国 2019 年国民经济和社会发展统计公报［EB/OL］. http：//www. stats. gov. cn/tjsj/zxfb/202002/t20200228_ 1728913. html.

②　按照国家统计局的统计口径，网上零售额指通过公共网络交易平台实现的商品和服务零售额（包括自建网站和第三方平台）。

表4-3 2019年我国城乡社会消费品零售总额及网上零售额

	社会消费品零售		增速（%）
	金额（亿元）	占比（%）	
社会消费品零售	411649	100	8.0
其中：城镇消费品零售	351317	85.34	7.9
乡村消费品零售	60332	14.66	9.0
网上零售	106324	25.83	16.5
网上实物零售	85239	20.71	19.5

资料来源：《中华人民共和国2019年国民经济和社会发展统计公报》，国家统计局。

从批发零售来看，农产品综合市场中，批发市场成交额占84.75%，零售市场成交额所占比重较小。在农产品专业市场中，批发市场成交额占比更是高达94.44%。在所有农产品市场交易中，干鲜果品的批发市场成交占比最大为99.41，肉禽蛋市场的批发成交额占比较小，为85.33%（见表4-4）。

表4-4 2018年我国农产品批发和零售成交情况

	市场数量（个）	成交额（亿元）	批发市场（亿元）	占比（%）	零售市场（亿元）	占比（%）
农产品市场	853	18327.26	17308.66	94.44	1018.61	5.56
其中：						
1. 粮油市场	85	1707.07	1684.66	98.69	22.41	1.31
2. 肉禽蛋市场	101	1544.60	1317.95	85.33	226.65	14.67
3. 水产品市场	134	3738.02	3577.73	95.71	160.28	4.29
4. 蔬菜市场	244	3972.32	3845.97	96.82	126.35	3.18
5. 干鲜果品市场	113	3820.93	3798.29	99.41	22.64	0.59
6. 棉麻土畜、烟叶市场	11	470.80	465.80	98.94	5.00	1.06
7. 其他	165	3073.52	2618.25	85.19	455.27	14.81

资料来源：《中国统计年鉴》（2019）。

从市场体系建设来看，中国特色体现在政府的总体规划和布局上，市场的发展不能放任自流，从横向来看，如何布局才能保证流通效率最高，从纵向来看，如何规划收购、批发和零食市场的配置，如何保证期货市场和现货市场的协调，科学规划和引导期货市场的发展，如何促进电子商务、线上销售的发展，保证线上和线下销售的协调等。

三、日益完善的农产品期货市场

20世纪80年代末90年代初以来，从蔬菜市场开始我国逐步建立批发市场，在批发市场建设的同时，开始谋划期货市场的建设。1990年10月，中国郑州粮食批发市场经国务院批准，以现货交易为基础，引入期货交易机制，作为我国第一个商品期货市场正式启动。

经过3年的发展，全国期货交易所达50多家，期货经纪机构近千家，期货市场出现了盲目发展的迹象。为此，1993年11月，国务院发出了《关于制止期货市场盲目发展的通知》，开始对期货交易所进行全面审核，1998年，14家交易所重组调整为大连商品交易所、郑州商品交易所、上海期货交易所三家；35个期货交易品种调减为12个；兼营机构退出了期货经纪代理业，原有的294家期货经纪公司缩减为180家左右。

2006年经国务院同意，中国证监会批准设立了"中国金融期货交易所"（以下简称"中金所"），专门从事金融期货、期权等金融衍生品交易与结算的公司制交易所。中金所由上海期货交易所、郑州商品交易所、大连商品交易所、上海证券交易所和深圳证券交易所共同发起，于2006年9月8日在上海正式挂牌成立。

经过几年的调整和规范，以《期货交易管理暂行条例》及四个管理办法为主的期货市场规划框架确立，中国证监会、中国期货业协会、期货交易所三个层次的市场监管体系形成，期货市场主体行为逐步规范，期货交易所的市场管理和风险控制能力不断增强，期货投资者越来越成熟和理智，整个市场的规范化程度有了很大提高。2004年1月31日，政府发布了《关于推进资本市场改革开放和稳定发展的若干意见》，对期货市场的政策也由规范整顿向稳步发展转变。

目前，我国有四大商品交易所，分别是：大连商品交易所、郑州商品交易所、上海期货交易所和中国金融期货交易所。我国的期货市场体系如图4-3所示。

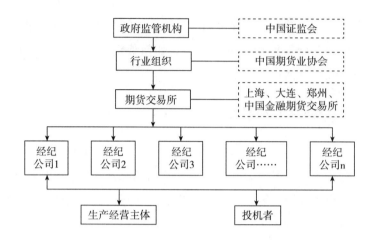

图 4 - 3　我国期货市场体系

　　截至 2019 年底，我国期货（含期权）品种共达到 57 个。其中，农产品品种 29 个（包括 5 个农产品期权）。在三大商品交易所①中，大连商品交易所共 18 个期货品种，其中农产品 12 种（包括农产品期权 2 个）。郑州商品交易所上市品种 21 种，其中农产品 15 种（包括 2 种期权）。上海期货交易所全部上市品种 18 种，其中农产品 2 种（包括 1 种期权）。具体见表 4 - 5。

表 4 - 5　中国期货上市品种

一、大连商品交易所（18 种，其中农产品 12 种）
1. 农产品（10 种）
玉米（2004.9.22）、玉米淀粉（2014.12.19）、豆一（2002.3.25）、豆二（2004.12.22）、豆粕（2000.7.17）、豆油（2006.1.9）、棕榈油（2007.10.29）、纤维板（2013.12.6）、胶合板（2013.12.6）、鸡蛋（2013.11.8）
2. 工业品（6 种）
聚乙烯、聚氯乙烯、聚丙烯、焦炭、铁矿石、乙二醇
3. 期权（2 种）
豆粕（2017.3.13）、玉米（2019.1.28）

---

　　① 中国有四大期货交易所，但"中国金融期货交易所"主要从事金融期货、期权等金融衍生品交易与结算，没有农产品的商品期货交易，这里重点对另外三大期货交易所的农产品期货交易进行介绍。

续表

二、郑州商品交易所（21 种，其中农产品 15 种）

1. 农产品（13 种）

普麦（2012.1.8）、强麦（2003.3.28）、早籼稻（2009.4.20）、晚籼稻（2014.7.8）、粳稻（2013.11.18）、棉花（2004.6.1）、棉纱（2017.8.18）、菜子粕（2012.12.28）、油菜子（2012.12.28）、菜子油（2007.6.8）、白糖（2006.1.6）、苹果（2017.12.22）、红枣（2019.4.30）

2. 非农产品（6 种）

动力煤、PTA（对苯二甲酸）、甲醇、玻璃、硅铁、锰硅

3. 期权（2 种）

白糖（2017.4.19）、棉花（2019.1.28）

三、上海期货交易所（18 种，其中农产品 2 种）

1. 金属（11 种）

铜、铝、锌、铅、镍、锡、黄金、白银、螺纹钢、线材、热轧卷板

2. 能源化工（5 种）

原油、燃料油、沥青、天然橡胶（1993.11）、纸浆

3. 衍生品（2 种）

铜期权、天胶期权（2019.1.28）

注：（1）期货期权共 57 种，其中农产品 29 种，截至 2019 年底。括号中年份为上市时间。

（2）大连商品交易所上市的"豆一"，即黄大豆 1 号，定位于传统食用大豆。"豆二"定位于榨油用大豆。豆一合约只允许非转基因大豆参与交割，豆二合约允许转基因大豆和非转基因大豆参与交割。

四、中国农业市场化过程中政府的作用

在传统的经济体制下，政府主要依靠行政手段进行调节。在市场化进程中，市场机制的功能由弱到强，市场发育是一个渐进的过程。市场的发育需要政府发挥积极作用，科学合理的政策可以促进和推动市场的成长。正常情况下，市场具有自我调节作用，但由于农产品市场上存在大量的信息不对称问题，导致市场调节具有一定的盲目性，因此，完全依靠市场机制的自我调节作用可能会产生一定风险。比如，我国的粮食供需问题。粮食问题一直是困扰我

国农业发展的重要问题。随着我国人口数量不断增加，人民生活水平逐渐提高，粮食供需矛盾日渐突出，这样关系国计民生的问题只依靠市场作用就无法解决，必须依靠政府做好顶层设计和规划。

在农业逐渐向市场化发展的过程中，政府主要在以下几个方面发挥职能：一是制定农业发展战略，为农业发展确立正确的方向，例如，实施农产品优势发展战略、采取农产品走出去战略、实施跨越式发展战略；二是在农业向市场化发展过程中，实施农业宏观调控策略，从全局出发，运用税收的二次分配等政策手段对农业资源进行合理分配，促进农业的均衡发展；三是为农业向市场化发展提供良好的基础设施，例如，改造水利设施，进行土壤的改良以及环境建设，完善农业科技研究和推广工作；四是建立健全农业发展的社会保障，保障在农业经济效率增长的同时，改善农民的福利和待遇水平。

近年来，为了促进农业市场化发展，政府做了很大的努力，在补贴方面，政府先后实施了种粮直接补贴、良种补贴和农机具购置补贴等；在农业技术推广方面，政府不仅增加了对农业技术推广项目的专业补贴，而且加强了基层农业技术推广机构建设，并引进专业人才，优先扶持优质高产、节能有效的项目开发；在培养农业人才方面，建立健全农村实用人才的评价机制，加大了对人才的表彰和宣传力度；在推进农业生产经营方式转变方面，大力扶持龙头企业的发展，并鼓励龙头企业充分发挥引导作用，积极培育农产品营销主题，提高农民参与市场的能力，并全面推进"农超对接"，减少流通环节，降低流通成本。

第五章

中国农业市场化改革中面临的问题

经过几十年的改革，我国农业市场化取得了巨大成绩，除了少数几种特殊产品（主要是口粮）外，都完全放开了购销，形成了市场体系比较完善、市场交易比较活跃、市场主体积极参与、农产品标准化水平不断提高的局面。但是在改革过程中也依然面临着不同的问题和挑战。

第一节　粮食的"准商品"特性

尽管从经济理论上来看，完全竞争是资源配置效率最高的，但是除了考虑"效率"以外，任何一个国家还特别考虑社会"公平"和国家"安全"，因此对于这些关系到国家安全的一些重要战略物资，各国政府都给予了特别的关注，特别是粮食，中国也不例外。

一、中国粮食的"特殊性"

自古以来，粮食这一特殊商品就承载着社会经济政治生活中的多重角色。首先，粮食是一种商品，可以在市场上进行流通，其价格受市场供需的影响。其次，粮食还具有一定的社会属性，它关系到人口基本需求和生存发展权。如果粮食安全得不到保障，社会将陷入动乱，无法维持正常稳定的运转，更无法得到充分发展。粮食危机直接影响到个体的身心健康，损害人力资本的质量，给社会造成巨大的医疗卫生负担。因此，粮食安全必须是一种由政府提供保障的公共产品。在中国这一情况更加突出。

中国人口众多资源缺乏，需要以全球约7%的耕地和5%的内陆水资源养活全球约20%的人口，农户的人均耕地规模仅为0.5公顷。农业生产，一方面要解决大约2.3亿小农户的收入来源，保障农户的生存和发展，另一方面还要确保约14亿人口的粮食需求，保障国家的粮食安全，这也决定了这一小规模的"家计式"的农业必须保护。在中国，农业必须保护的另一重要原因也是基于全球市场稳定的考虑。中国巨大的人口群体，如果相当部分的粮食都到国际市场去进口，必然导致国际市场价格大幅度上涨，从而可能带来全球市场的不稳定。因而，对于水稻和小麦等特别重要的口粮必须绝对安全，主要依靠自给。在中国，粮食具有"准商品"的特性，特别是口粮（小麦和水稻）。如果说饲料粮能在一定程度上得到替代，从而避免短缺危机的发生，那么口粮的需求则是缺乏弹性的，必须能够有效保证，绝对安全，因而，在中国口粮具有"准商品"的特点，口粮的市场化，不能简单按照普通商品的市场化对待，这就是中国政府在小麦和水稻口粮作物上一直采取谨慎态度和特殊政策的原因。

从全球来看，日韩等人多地少的国家，与中国的情况也相似。其对口粮的关注程度也很高。但日韩与中国又不一样，日韩为小国，即使其主要依靠国际市场进口，也不会对国际市场产生太大影响，更不会形成冲击。

在粮食安全方面，中国面临最大的挑战是人口众多所带来的需求压力，一方面中国的大国地位，决定了中国不可能像日韩或者新加坡等人口小国可以利用国际市场；同时，中国的土地和水资源等农业资源又相当缺乏，决定了农业生产（特别是粮食生产）不会有任何比较优势，在开放经济的条件下，如果不补贴则必然受到进口的冲击；另外，与其他替代性产品比，粮食生产的比较利益较低，如果不补贴农户将会减少或放弃粮食生产而转向比较利益更高的经济作物。上述三个方面，决定了在中国"粮食"不可能作为一种普通商品对待，不能完全依靠市场进行调控。

二、主要国家粮食的"特殊性"

实际上，在很多国家对粮食都采取特殊的政策，即使在 WTO 框架下，也允许其成员国保留一定数量的"敏感性商品"进行特殊的措施保护。各国也都为保障口粮安全都制定了相应的特殊政策。

（一）日本

水稻是日本受保护程度最高的农产品之一。日本政府针对水稻的补贴主要是生产者价格下降补贴。将前 7 年的最高价和最低价去除，再平均得到标准价格。当年市场价格低于标准价格时，生产者可以得到的补贴，补贴额为当年价格与标准价格之差乘以当年产量的 80%。补贴资金来源于参加项目的稻农和政府共同出资的稻农收入稳定基金。为了调节水稻的过度供给，生产者价格下降补贴通常与水稻相互绑定。当稻农用稻田种植其他非水稻作物时，可以得到相应作物的高额补贴。此外，政府还对稻农提供保险补贴以减少风险，稳定收入，并提供结构调整补贴，促进小规模农户退出，促进规模化、机械化，提高农业效率。

（二）韩国

韩国自 1968 年就开始对大米实行购销倒挂制度，即政府高价从农民手中收购大米，廉价供应给城市居民，差价由政府补贴。迫于巨额补贴负担的压力，1993 年韩国政府对购销倒挂补贴政策作出调整。具体调整方式是：政府在向市场出售收购来的大米时，委托农协建立销售投标机制，按照投标确定的销售价格出售大米；政府委托农协向大米种植农户支付政府收购价与投标销售价之间的价差补贴及其他成本。2004 年之后，为履行 WTO 新一轮降低 AMS 的要求，韩国政府对大米补贴政策进行改革：废除购销倒挂补贴，开始采用直接支付，该政策从 2005 年开始实施。直接支付政策包含固定支付和可变支付两部分：固定支付的条件是 1998～2000 年在政府登记的耕地里种植水稻；2005 年固定支付的标准为 60 万韩元/公顷；从 2006 年开始固定支付的标准提高到 70 万韩元/公顷，2006 年韩国政府执行固定支付的稻田面积达 102.4 万公顷，固定支付总支出 7 168 亿韩元。可变支付的条件是当前在政府登记的耕地里种植水稻；可变支付的标准根据市场价与政府目标价之间的差额再乘以耕种面积来计算。

（三）美国

美国90%以上的农业补贴都集中在小麦、大豆、玉米、大麦和棉花五种农作物上。美国曾经通过贷款差额补贴、直接收入补贴以及反周期补贴等手段对大宗农产品生产者进行补贴。2014年农业法案推出后，新设立了价格损失保障和农业风险保障两个项目。前者主要覆盖小麦、饲用谷物、水稻、油菜籽、花生、豆类等大宗产品，如果年度全国均价低于参考价格，参加项目的农户能获得固定产量85%的价差补贴。后者覆盖玉米、大豆等多种作物，由美国风险管理机构和联邦作物保险公司制定规则和保费水平，联邦作物保险公司和私人保险公司负责执行。主要的保险种类是产量保险和收益保险，占总责任险的78%。根据农户所选的保险水平不同，政府给予相应的保费补贴。不仅减少了农户的风险，而且实际提高了收入水平。2018年美国的新农业法案，改革了收入补贴，制定了可以上浮的参考价格，在补贴项目的选择上增加了农场的自主权，同时调整了基础单词和面积，重新设定了补贴资格的门槛和上限。另外，继续强化农业风险保障，调整资源保护项目，强调营养项目的获取资格。实际上，对食品补贴的支出（营养项目补贴）是美国农业法案中支出最大的一项。每个月有12.9%的美国人（4210万）可以领到补充营养援助，另有约3000万美国学生受益，其在美国民生中起到非常大的作用。

（四）欧盟

欧盟在欧共体时期的农业补贴支持采取较为直接的刺激供给的手段，1986～1992年对小规模的小麦、黑麦、玉米、大麦、燕麦和水稻种植户按产量给予补贴，1991～1993年为了鼓励粳稻种植对粳稻进行产量补贴。2000～2001年对英国受欧元波动影响的谷物种植农户进行补贴。欧盟各国政府也对粮食种植农户实施各种各样的补贴。例如，匈牙利2004～2005年对本国小麦和玉米种植农户按产量给予补贴。罗马尼亚2008年对大豆种植户按产量给予补贴。英国1992～1994年对土豆实行配额面积上的目标价格政策。2019年11月，在国务院发展研究中心等举办的"2019（第六届）中国粮食与食品安全战略峰会"上，欧盟委员会农业与农村发展总司国际关系司司长从四个方面介绍了欧盟粮食安全政策：一是促进农村发展，吸引更多的企业从事农业生产经营。随着农村人口流失和老龄化加剧，欧盟采取措施提高农业对企业家的吸引力，提升农民的职业化、专业化程度。二是促进技术创新，提高科技的贡献。利用计算机、大数据等新型技术提高农业生产率。欧盟每年提供 500 亿欧元的农业投资，同时将在 2021 年推出 100 亿欧元的创新项目。三是采取措施，积极应对粮食生产风险，特别是环境气候变化和极端天气对粮食安全带来的挑战。欧盟在支持农业的公共投资中，40% 的部分投入到生物多样性和应对气候变化。四是充分利用国际市场，开放农业贸易。实施开放的农业贸易，让各国发展具有比较优势的农产品，改善本地和全世界的粮食安全水平。

第二节　农产品标准化

虽然近年来我国农产品标准化工作进展突飞猛进，已初步构建起农产品标准化体系框架，完善了关于农产品标准化的规章制度，但总体上仍不能满足我国现阶段经济发展水平的现实需要，特别是与国外先进水平相比仍存在明显的差距，全国各地农产品标准化发展不均衡，农产品标准体系在建设和发展中缺乏系统性、协调性和统一性，还无法满足农业现代化和市场化的具体要求。当前我国农产品标准化体系建设进一步发展所面临的主要问题和难点有以下几个方面。

一、农产品标准体系有待进一步完善

标准制定重点不突出，针对性不强，不能有效提高特色农产品和大宗主导农产品的竞争力；标准制定时间太长，审核修订不及时，某些技术法规表达不清，甚至有相互矛盾的条款；制定标准时考虑国内的因素多，但考虑与国际接轨的少；产前、产中技术规范多，产后技术规范少且比较简单。我国还没有真正形成涵盖产前、产中、产后及产品的深加工等整个农产品生产过程的完整标准体系，并且不完整的标准体系已不能满足我国现代农业发展规模、市场流通、产品贸易、流程监控和质量安全的要求。主要表现在以下方面。

（1）标准陈旧，针对性不强。发达国家的农产品标准每隔2年或5年修订一次，而我国现行关于农业和食品技术部分的国家标准共2707项中只有442项为近5年制定的，仅占16.3%，意味着80%以上的国家标准为5年前制定的；截止到2012年，在5000项农业行业标准中，农产品加工标准只占579项，刚刚超过标准总数的10%①。需要按照政府引导、市场运作、突出重点、先急后缓、接轨国际的原则，尽快建立产地环境、生产技术、产品质量等级、物流设施、食品安全保障等方面的标准体系。

标准作为规范生产、贸易行为和评判产品质量的技术准则，应有其确定的调控对象及目的。在现行农产品标准中，存在部分标准的服务对象不明确、制定标准的目标模糊、依据不足、考虑产业发展水平和国际贸易需求较少的情况。应积极建立推动农产品走出去、适应国际市场竞争的出口标准。发达国家对农产品安全十分敏感，对进口农产品的农兽药残留、放射性残留、重金属污染的检测日趋严格。需要建立与国际标准或国外先进标准接轨的农产品标准体系，使之能更好地指导出口。

（2）标准建设缺乏系统性，标准化基础研究薄弱。长期以来，农产品标准制定的多部门性和多系统性，导致标准体系之间存在交叉重复现象，而又有许多遗漏项。我国现存农业行业标准以有关农业生产标准为主，而类似农产品加工、流通等标准仅仅是拾遗补缺，导致标准的配套程度低，互补性不强，尤为缺乏主要农产品初加工相关的系列标准。标准体系是一个随着经济、技术和社会的发展而不断调整的动态系统，标准的制定必须以科学数据和风险评估为基础。目前，标准制定基础研究相对滞后，部分标准的缺失，一些标准的科学性和适用性得不到保证。目前，我国农业生产仍然以一家一户的农户生产模式为主，农户生产规模、组织化程度较低，所生产的农产品差异性明显，加工随意性较大，很难形成品牌，这不仅影响农产品标准的制定、实施和推广，也不

---

① 《2014－2018年农产品加工（农业行业）标准体系建设规划》。

利于政府部门对农产品生产环节实施有效的监督和管理。给我国标准化建设带来更大的挑战，需要深入研究和解决。

（3）标准结构不合理。在国际标准体系中，农产品标准应兼具通用性的基础标准和检测方法标准。而我国现行农产品方面的标准结构不尽合理，基础标准占标准总数比例低；尤其是对农产品加工过程要素的覆盖不够全面，尚未建立对生产、加工、贮藏等环节进行规范的标准体系，一些过程要素标准缺失，如产品及加工用原料分级标准、技术操作规程、良好操作规范、全程质量控制标准等。应从发展优势产业、特色产业、优质产品的市场角度出发，建立产前、产中、产后配套的标准，为农业结构调整提供技术支撑。同时，也要主动利用《技术性贸易壁垒协定》的"正当目标"和《实施卫生与植物卫生措施协定》的"适当保护水平"，积极开展相关研究，通过制定标准、法规、合格评定程序和卫生措施条款，构筑我国农产品产业的防护墙。

（4）标准实施效果不明显。由于农产品标准整体水平还有待提高，与产业发展需求有一定的脱节，特别是一些标准针对性、适用性不强，以及某些标准的缺失和滞后，导致现行标准实施效果不理想，对于规范生产与贸易行为没能发挥标准应有的作用。未来，需要进一步提高农产品标准化覆盖率。在现有基础上，国家和地方可以每年选评一批具有一定技术基础、生产规模、管理水平和商品化程度较高的农业生产项目、基地，通过建立国家级、省级、市（县）级农产品标准化示范基地带动周边地区农产品标准化生产。对地理标志产品要严格标准、加强保护，组织地理标志产品的标准化生产，做好示范作用；继续推进绿色产品、有机食品、无公害食品的认定工作，培育一批名牌产品，用市场行为带动农产品标准化推广。继续发挥龙头企业、先进企业的带动作用，大力推行"公司＋基地＋农户"的经营模式，用标准化推进农业集约化、规模化、产业化、国际化。

二、农产品标准化贯彻实施需要进一步推进

（1）我国农产品标准化工作涉及部门多、范围广，缺乏统一的农产品标准化机构，没有形成部门间相互协调、步调一致的工作制度，造成农业企业采用标准规范不统一。农业标准化是一项系统工程，涉及技术监督、环保等多个部门，缺少统一的农业标准化机构，会造成农业部门、技术监督部门甚至农业、企业部门各行其是。此外，农产品质量的认证机构和基层管理部门把标准化和部门利益捆绑在一起，重罚款、轻检测的做法会导致有害农产品流入市场，严重侵害了消费者的利益。

需要加强有关部门间的协调配合，与农业科技推广、农业综合开发、农业生态环境保护、农业投融资政策等方面存在多方面联系。如果把农产品标准化工作与农业科技推广体系相结合，与各种农业开发计划相联系，既可快速推动农产品标准化工作的深入开展，又可增强农业科技项目的实施效果。因此，通过各有关部门的协调与配合，在落实农业开发项目时优先考虑农产品标准化，在考核农业开发项目时增加农产品标准化条款，以项目促进标准化。同时，要发挥行业协会的作用。随着经济的发展，行业协会不仅在维护市场竞争秩序、提供咨询服务、实现行业自律方面具有重要作用，在产品标准化方面也大有作为。可以在出口优势产品中先行试点，尽快组织企业建立协会，推动农产品标准化工作，提高产品竞争力。

（2）尽管我国农产品标准化工作起步早、发展快，但是农业标准化知识及有关法律、法规等宣传、示范推广力度不强，资金投入不足，导致仍然有相当一部分管理者和经营者，对农产品标准化工作意识淡薄、认识薄弱、接受性不强，自觉应用标准的比例很小，使得已制定的农产品标准没能得到很好的贯彻实施。各级政府要建立高效的农产品标准推广体系，加大标准宣传力度，进行不同形式的培训，使农民、农产品生产加工企业了解标准、掌握标准、执行标准，自觉地按照农产品标准规范组织和管理生产。

在农产品标准化工作中，重标准制定轻标准实施的现象较为普遍；在农产品标准化实施中，领导者工作缺位、管理者工作不到位、生产者找不到位置的现象也比较普遍。总之，农业标准化工作所要求的"政府大力推动、市场有效引导、龙头企业带动、农民积极实施"的动力机制还没真正形成。需要强化企业各部门严格按照标准规范进行操作的意识，用标准指导生产、加工、管理、营销的全过程。在农业生产、加工环节强调入档、归档作用，逐步建立起可追溯制度，并以此为基础建立起农产品生产、加工业诚信体系；规范流通领域市场秩序，最终实现以质量、安全为核心的农产品标准化全过程管理。

（3）农产品标准推广体系有待健全，人才队伍整体短缺。农产品标准化推广过程中缺少专门的组织机构和有效的设施手段支撑。目前，我国农业标准推广最有效、最主要的力量仍然是农业技术推广体系，遍布全国的农业技术推广体系注重的是主要农作物、畜禽生产关键性技术的示范和推广，缺少系统的产前、产中、产后农产品标准化推广环节。

（4）农产品标准化信息平台建设任重道远。缺乏一个统一的农产品标准化信息平台。目前，农产品标准化和农产品质量安全工作管理部门较多，分头管理、职责交叉，很多机构都有自己的专业网站，但缺少一个统一的平台对所有的信息进行整合，如农业农村部、标准化管理委员会、质监、工商、食品药品监督、卫生、水利、畜牧等部门都有自己的专业网站，这些网站配合不严密，信息发布不及时、不全面的现象较常见，缺乏制度化、规范化、标准化的信息披露制度。由此造成信息资源分散、相互矛盾、项目不全，严重影响了信息资源共享，给信息的查询和使用带来困难。农产品追溯体系目前还未建立，只要求农产品及基地建立生产记录档案。但多数企业、基地的生产记录不规范、不全面、不达标，达不到可追溯档案要求。

要不断建立和完善科学合理的标准化信息咨询服务体系。质量技术监督部门作为标准化主管部门要做好信息的收集、管理工作，建立、完善、更新农产品标准数据库，为编制农产品标准计划提供依据。同时行业内的服务、咨询机构要发挥社会责任与义务，及时与生产企业沟通交流，为农民和企业及时提供信息、建议，做好信息传递、服务咨询工作。

三、农产品标准化检测、监管力度需要进一步加强

目前我国只能对粮棉油等农产品及其制品标准实施情况进行一定程度的监督检查，还没有覆盖所有农产品及其相关环境项目的检测。一些检测设备也比较陈旧，检测手段不先进。专业化检测人员不足，对农产品的农药残留、兽药残留等检测不到位。具体包括如下几点：

（1）检验、检测体系。近年来，由于国家的统一部署，各省市都初步建立了检验、检测体系框架，但总体而言，仍然存在诸多问题。我国农产品监督检测机构在提供质量检测、技术服务和保证标准实施方面与农产品标准化发展形势、发展要求存在很大差距，虽然已经形成部、省、市、县四级体系，但市、县两级的检测能力还较弱，多数仅能开展土壤肥力、环境和投入品的初检以及蔬菜和水果农残速测工作，大部分机构仅能检测一些常规项目，而与农产品质量、食品安全密切相关的农兽药残留、激素残留、放射性污染、重金属污染、再生有毒物质及转基因等方面的检测能力严重不足，农业生产基地和龙头企业自有检测基本缺失，远远不能满足标准实施和产业化经营的需要。加强质量检验监测体系建设、提高质量检验监测水平是实施农产品标准化、提高农产品质量、确保农产品卫生安全的重要手段，是推行农产品标准化战略、促进农业现代化的有效保障。要尽快改变目前农产品质量检验、监测体系落后的状况，采用技术引进和技术创新等多种办法，使农产品质量检验监测更好地服务于农产品标准化。

（2）监管的长效机制。从执法的角度看，目前的农产品标准化工作能依靠的法律、法规条文较少，现有的《产品质量法》《标准化法》等相关法律、法规，所涉及农业、牧业和渔业领域的初级产品少，而《农业标准化法》又尚未出台，缺乏职责明确的农产品标准化执法体系，农产品标准化的推进就缺乏强有力的规范手段，也很难迅速走上正轨。而刚修订发布的《食品安全法》从发布到落地阶段还需要时间进行部署，并且也很难对农产品的初级产品进行有效管理。

从管理的角度看，农产品标准化管理的相关部门存在职能重叠、多头管理情况，部门之间容易互相掣肘、互相推诿，致使推广农产品标准化难度加大、实施效率低。农业生产中高度分散的经营行为，造成化肥、农兽药等非规范使用，可能存在不同程度的残留和危害，使得农产品质量监督管理工作上可能存在疏漏，对屡见不鲜的质量安全问题也做不到有效的防范和控制，特别是部分企业在利益驱动下采用严令禁止的手段进行生产和经营，严重损害了农产品的质量安全。

（3）质检人员素质和知识储备。检测机构的大多数质检人员毕业于农学、畜牧、兽医、水产等专业，主要从事农业生产投入品和环境检测，而现在的农产品质量检测需要分析化学、生理生化、营养分析、微生物等方面的专业人才，特别是现代仪器分析测试专业人才，强调检测人员掌握现代仪器分析、生理生化分析、微生物分析等现代分析测试技术的能力。但现实情况是人才队伍缺口大，现有队伍素质参差不齐，人才队伍建设急需优化。

（4）农产品标准化认证机构。目前，我国已基本建立了省、市、县三级农产品质量认证和管理、监管的机构，但目前认证机构的认证能力较弱，部分机构存在必要硬件缺失和服务网络不完善的情况，满足不了现今信息化办公、全程质量监管的需要。而现阶段认证的企业大都是各地方的龙头企业和规模以上企业，一般规模企业和合作社认证意识不强。另外，根据中国绿色食品发展中心的管理规定，使用绿色食品认证标志要收取一定费用。在2004年收费制度未改革之前，收费项目繁多，主要有管理费、标志使用费、环境监测费及产品检测费等几部分。以认证大米为例，管理费需要1万元，三年标志使用费为6万元，环境检测费1万元，产品检测费2000元，再加上认证期间企业工作人员的必要花费，如差旅费等，总计需要准备9万元左右。高额的收费将许多企业挡在了绿色产业大门外，也影响了取得绿色食品标志的企业继续使用的积极性。

2004年，发改委、农业农村部对绿色食品收费制度进行了改革，对绿色食品认证及标志使用收费进行了规范①。新收费标准比原标准大幅降低，使得企业负担减轻。这一措施极大激发了企业申报积极性，但对于规模小、生产分散、组织化程度不高、资金实力不足的大多数中小企业和农产品生产基地来说，收费依然偏高，认证的积极性不高。

---

① 新的绿色食品认证费收费标准具体为：每个产品8000元，同类的系列初级产品，超过两个的部分，每个产品1000元；主要原料相同和工艺相近的系列加工产品，超过两个的部分，每个产品2000元；其他系列产品，超过两个的部分，每个产品3000元。

四、农产品标准与国际标准存在差距

尽管我国在很多制造业产品方面国家标准或者企业标准已远远高于国际标准，但是在农产品标准方面，部分标准技术指标还比较落后，特别是关于农产品质量、卫生、安全方面的指标存在标准较低且项目不齐全的问题。"十一五"期间，我国农产品质量标准中，仅有重金属、硝酸盐、亚硝酸盐和农药残留等指标，没有涉及甲醛等有害气体的含量指标；进口茶叶受检农药品种在欧盟、德国、英国、日本分别为 62 种、56 种、13 种、64 种，而我国只规定"六六六""滴滴涕"两项指标；《食品卫生法》对 104 种农药在粮食、水果、蔬菜等 45 种食品中规定了允许残留量，共 291 个指标，而国际食品法典委员会制定的食品安全标准（CAC）对 176 种农药在 3755 种食品中规定了 2439 项农药最高残留标准。

我国于 2009 年开始实施《食品安全法》，2015 年又进行了修订，2014 年对《食品安全国家标准——食品中农药最大残留限量》也进行了更新。在新发布的法律、标准中，国际食品法典委员会已制定限量标准的有 1999 项，其中 1811 项国家标准等同于或严于国际食品法典标准，占 90.6%[①]。可以看到，我国农产品标准与国际间的差距正在逐步缩小，但还存在进步空间。

美国、加拿大、日本等国家的食品质量安全法律法规体系比我们国家更完善、更系统，涵盖了农产品质量、安全的各个方面，以美国为例，出台了包括《联邦食品、药品与化妆品法》《联邦肉品检验法》《食品质量保障法》《公共卫生服务法》《禽类产品检验法》《蛋类产品检验法》以及《联邦杀虫剂、杀真菌剂和灭鼠剂法》等农产品质量、安全方面的一系列法律法规。并且在这些法律法规的基础上，还有一系列用来规范立法程序和实施国家样本检验的程序性法规，各州、县在贯彻、执行联邦法令的基础上也可以制定自己的食品规范，美国的食品安全法规被国际社会普遍认为是较完备的法规体系。

---

① 我国食品农药残留新标准与国际接轨 [EB/OL]．人民日报，2014 - 03 - 30（2）．

第三节　信息化建设

近年来，国家加大对农业信息化的扶持力度，各项扶持政策给我国农业信息化的快速发展带来了新机遇、新契机，为加快推进农业信息化建设明确了目标、指明了方向。2015 年中央一号文件明确提出了"新型工业化、信息化、城镇化和农业现代化同步发展"[①] 的新理念，为我国"十三五"乃至今后更长时期的农业发展规划蓝图，打下基础。总体来看，我国农业信息化取得了不小的成就，但基础依然薄弱、发展滞后，总体水平不高，落后于先进发达国家。

一、农村基础设施建设有待进一步强化

目前农业数据采集、传输、存储、共享的手段和方式还相对落后，农业物联网产品和设备还未实现规模量产；支撑电子商务发展的分等分级、包装仓储、冷链物流等基础设施虽比以前有大幅改善但仍然十分薄弱；农业信息技术标准、农村信息服务体系尚不健全；关键信息系统安全保障面临严峻挑战；农村网络基础设施建设相对滞后，互联网普及率尤其是互联网接入能力还存在较大的发展空间。为此，需要不断推进农村信息化基础设施建设。在国家统筹布局新一代移动通信网、5G 网、数字广播电视网、卫星通信等设施建设的背景下，加快推进农村信息化基础设施建设。积极推进光纤升级，加快农村地区宽带网络建设，全面提高宽带普及率和接入带宽速率。继续开展"村村通"工程，改善农村地区特别是偏远山区和贫困地区自然村的通信基础设施，彻底打通最后一段光纤、最后一根网线，消除网络覆盖盲区。继续实施广播电视"村村通"工程，提高农村有线电视入户率。推进互联网、电信网、广电网在农村地区的融合。通过多种方式，打通"最后一公里"。

---

① 《关于加大改革创新力度加快农业现代化建设的若干意见》。

二、农村信息技术创新力度还需加强

目前，我国农业信息技术创新、专利、产品主要来自高校和科研院所实验室，来自企业的比例很低，这就意味着科研成果不能直接面向市场需求，造成科研成果转化率不高、集成示范效应不足；农业生产经营信息化所需要的低成本、高质量的信息技术产品研发制造严重滞后，阻碍了我国农业信息技术的推广与应用。有关农业信息化的自主创新能力不足，农业物联网生命体感知、智能控制、动植物生长模型和农业大数据分析挖掘等关键核心技术尚未被攻克，技术和系统集成度低、整体效能差；农业信息化学科群和科研团队规模偏小，领军人才和专业人才匮乏。

在实践中，一方面要大力扶持企业主体的信息技术创新，加强农业信息技术研发。完善农业农村信息化科研创新体系，壮大农业信息技术学科群建设，科学布局一批重点实验室，加快培育领军人才和创新团队，加强农业信息技术人才培养储备。提升农业信息化关键核心技术的原始创新、集成创新和再创新能力，加快研发性能稳定、操作简单、价格低廉、维护方便的适用品，逐步实现重点领域的自主、安全。推动农业信息技术创新联盟建设，搭建农业科技资源共享服务平台，提高农业信息化科研基础设施、科研数据、科研人才等资源的共享水平，实现跨区域、跨部门、跨学科协同创新。加快农业信息化技术标准体系建设，强化物联网、大数据、电子政务、信息服务等标准的制修订工作，为深入推进农业信息技术应用奠定基础。

另一方面加快农业基础设施与信息化融合力度也不够。需要通过研发和推广使用智能节水灌溉系统，积极发展节水农业，不断提高农田水利信息化水平。研发和推广基本农田整理、复垦和耕地质量监管保护信息化技术与装备，扩大测土配方施肥信息系统建设，提高耕地利用率和产出率。需要建设一批集智能感知、智能传输、智能控制为一体的设施化畜禽、水产养殖场，提高畜禽水产养殖的智能化及自动化水平，促进畜禽水产增产增效。加快农机及农业装备与信息技术的融合，发展智能作业机具及装备。

三、农村信息化体制机制需要进一步完善

农业信息化是一项惠及亿万农民的公益性事业，需要国家进行政策扶持。同时，运营机制不灵活。我国农业信息化发展尚未形成长效运营机制，政府、农业企业、电信运营商以及 IT 企业等主体在农业信息化推进过程中的角色定位不明晰，造成政府不够主动、企业不够积极。如何建立并健全农业信息化工作的长效运营机制是当前我国推进农业信息化面临的一大难题。另外，管理需要规范。目前我国农业信息化建设处于多头并进状态，既为农业信息化的发展注入了生机和活力，但也不可避免地出现了工作不协调、步调不一致，条块分割、各行其道的局面，信息共享机制缺失。同时，由于缺乏相应的农业信息化标准规范，导致农业信息化推进工作职责不明、管理不力、运行不畅、建设无序，管理职能和部门队伍建设没有跟上农业信息化发展的需要。投融资机制尚不健全，政府与社会资本合作模式尚未破题，市场化可持续的商业模式亟须探索完善，市场服务和监管制度、软硬件产品检验检测体系不健全。

为此，需要优化体制机制，提升信息化管理水平。首先，推动政务信息资源开放共享。完善政务信息资源标准体系，推进政务信息资源全面、高效和集约采集，推动互联网资源、数据等有效整合与共享，做到农业政务信息资源一网通。制定完善的资源共享管理办法和数据共享目录，建设共享开放平台。推进农业数据"云服务"建设，提高计算资源、存储资源、应用支撑平台等利用效率。推动形成跨部门、跨区域农业信息资源开放共享格局，逐步实现农业历史资料电子化、数据采集自动化、数据使用智能化、数据共享便捷化；其次，建设执法信息管理系统，实现信息报送、投诉举报受理、监管工作记录、案件督查督办、档案管理等功能。加强利用信息化手段宣传农业管理的法律法规，及时曝光农业违法的典型案件，努力营造全社会关心和支持农业综合执法的良好氛围。另外，加快农产品质量监管信息化。建立农产品质量监测机构和固定风险监测点的农产品质量监测信息管理平台，实现监测数据即时采集、加密上传、智能分析、质量安全状况分类查询、直观表达、风险分析和监测预警等功能，为政府加强有效监管，公众及时了解农产品质量权威信息、维护自身

合法权益提供信息保障。

四、农村信息服务需要进一步加强

由于我国农户规模小、分散、年龄大、总体文化水平不高，因此对于信息化服务提出了更多更高的要求。一方面，农户缺乏信息或信息获取不及时，另一方面，利用信息进行科学决策的能力更不足。为此，需要大力推动农业信息社会化服务体系建设。支持农业社会化服务组织提供信息化服务，支持科研机构、行业协会、IT企业、农业产业化龙头企业、农民合作社等市场主体开展服务活动，并利用先进技术开展农业生产经营全程托管、农业植保、病虫害统防统治、农机作业、农业农村综合服务、农业气象"私人定制"等服务，推动共享经济发展。鼓励农民基于互联网开展创业创新，参与代理服务、物流配送等产业基础环节服务。利用"互联网＋"创新农业金融、保险产品，增强信贷、保险支农服务能力。推进农业数据开发利用、农产品线上营销等信息服务业态发展，拓展农业信息服务领域。加强农业博物馆现有实体陈列和馆藏农业文物数字化展示。

另外，加强农民信息化应用能力建设也是政府面临的一个重要问题。政府或行业协会等应面向经营主体和农业部门工作人员开展农业物联网、电子商务等信息化应用能力培训，提升技术水平、经营能力和信息素养。针对农民加强信息化培育，为农民提供足不出户的远程网络在线教育、生产经营支持、在线管理考核等服务。利用现有各级农业部门培训项目、资源和体系，动员企业、行业协会等社会各界力量广泛参与，开展农民手机应用技能培训，推介适合农民应用的APP软件和移动终端，为农民和新型农业经营主体构建支持生产、提升技能、学习交流的平台和工具。加强农技推广服务信息化，开展农技人员专业化培训，实现科研专家、农技人员、农民的互联互通，提升农技人员的业务素质，为农民提供精准、实时的指导服务。

五、促进农村电子商务发展

前面分析表明，我国农产品网络营销近年来发展较快，但是与实际需求还有较大的距离，政府需要通过发展农村电子商务，创新流通方式，打造新业态、培育新经济，重构农村经济产业链、供应链、价值链，促进农村一二三产业融合发展。

政府应统筹推进农村电子商务发展。将提高农村消费水平与增加农民收入相结合，建立农产品、农村手工制品上市和消费品、农业生产资料下乡双向流通格局，扩大农村电子商务普及范围。积极配合商务、扶贫等相关部门，加强政企合作，大力推进农产品特别是鲜活农产品电子商务发展，重点扶持贫困地区利用电子商务开展当地特色农业生产经营活动。鼓励发展农业生产资料电子商务，开展农业生产资料精准对接。创新休闲农业网上营销和交易模式，推动休闲农业成为农村经济发展新的增长点。推动农业展会在线展示、交易。

另外，在电子商务领域是有一定程度的市场失灵的，导致出现一些瓶颈。为此，政府需要加强产地预冷、集货、分拣、分级、质检、包装、仓储等基础设施建设，为农产品电子商务提供基础支撑。以鲜活农产品为重点，加快建立农村电子商务标准体系。完善动植物疫病防控和安全监管体系，建立农产品追溯体系，提升信息化监管能力。加强电子商务领域信息统计，推动企业与监管部门数据共享。开展农产品、农业生产资料和休闲农业试点示范，探索一批可复制、可推广的发展模式。

电子商务在一定程度上来看是新型事物，需要大力培育农村电子商务市场主体。开展新型农业经营主体培训，鼓励建立电子商务培训班等多种形式的培训机构，提升新型农业经营主体电子商务应用操作能力。发挥农业部门的牵线搭桥作用，组织开展电商产销对接活动，推动农产品上网销售。鼓励综合型电商企业拓展农村业务，扶持垂直型电商、县域电商等多种形式电商的发展壮大，支持电商企业开展出口交易，促进优势农产品出口。大力推进农产品批发市场电子化交易和结算，鼓励新型农业经营主体应用信息管理系统。

第四节　市场体系深化

综观我国的农业生产经营活动，目前我国已经建立了从要素到产品生产，从生产者到消费者的完整的市场体系，形成了要素市场、产品收购市场、批发市场和零售市场的现货市场体系，同时积极开展并完善了期货市场。但是，在市场体系建立和健全的过程中，仍然存在一定的问题，需要进一步深化。

一、金融期货市场的改革需要进一步深入

总体来看，我国产品市场和要素市场等改革都取得了很大成绩，但是目前来看，金融市场改革还需要进一步深入。

首先，需要进一步培育和激活农村金融市场的服务主体。农村金融市场主体方面需要进一步推进的改革主要是金融供给方。我国已培育了大量的金融服务提供者（金融机构），除了各种大型商业银行在农村地区的分行外，在农村地区我国还有邮政储蓄银行，政府还鼓励设立了村镇银行、贷款公司，并不断试点合作金融等，可以说在农村地区的金融机构是多样化的，既有商业银行，又有合作银行，还有政策性银行等。根据中国银行保险监督管理委员会公布的数据，截至 2018 年末，农村金融市场主体主要为：中国农业银行、中国邮政储蓄银行、中国农业发展银行的分支机构，农村信用合作社（812 家）、农村商业银行（1427 家）、农村合作银行（30 家），村镇银行（1616 家）、小额贷款公司（8133 家）、农村资金互助社（45 家），另外还有国家信贷担保联盟有限责任公司市（县）分支机构（376 家）和业务网点（952 家）。其中，在中国农业银行的"'三农'金融事业部"改革试点已推广到全国的同时，中国邮政储蓄银行也成立了"'三农'金融事业部"，并逐步开展改革试点；此外，多家保险公司进入农村市场推动农业保险、农产品目标价格保险、农产品收入保险等试点工作。但是，这些金融机构还不能很好地为广大农户提供资金需求，特别是小农户的小额信贷难以得到保证。

其次，农村金融需求与金融供给不能很好地匹配。从市场主体来看，农村金融的需求方一直是很多的小农户，市场需求比较活跃。农户难以通过正规金融机构获得所需贷款。从主体来看，最大的问题是由于农户对金融的需求多数都是小额的，而多数正规金融机构由于业务成本、监督成本等较高，一般都不愿意为农户提供小额信贷。一些大型商业银行甚至撤并其在农村的分支机构，即使仍然在经营的机构，也不愿意提供小额的贷款。2015 年 6 月，全国共有 8951 家小额贷款公司，而截至 2016 年底，公司数量减少 278 家、人民币贷款减少 131.00 亿元，2017 年进一步减少 122 家，到 2018 年 12 月，农村小额贷款公司减少到 8133 家。村镇银行、农村资金互助社数量和功能也都未达到中国银行保险监督管理委员会的要求。因此出现了这些农村金融机构从农户那里不断地吸收存款，但这些"存款"则不断地被贷给城镇地区或农村非农的企业等规模大、容易监督、风险相对小的公司或规模化农场等。实际上，小规模农户的贷款难在其他国家也是很普遍的，这也正反映了政府及一些非政府组织应该帮助这些小农户获得贷款。为此，政府一方面鼓励农户之间合作，扩大规模，另一方面也要探索更多的渠道沟通农户与金融机构的供求。

再次，从金融市场交易的对象（客体）来看，农村地区金融理财产品相对还少。这主要是与广大农户的风险意识和理财知识有关。总体来讲，农户的市场意识本来就比较缺乏，金融知识更不足，风险投机意识更弱，辨别能力更差，这也要求相关金融机构及政府加强金融市场知识的普及。另外，对于广大农户而言，其收入主要用于住房建设和消费，相对而言，储蓄也不多，因而多数就直接存入银行。

最后，从金融产品价格来看，我国利率的市场化改革推进力度弱于劳动力和土地等其他要素市场，在农村地区利率市场化改革的步伐更缓慢。难以真实反映市场的供求，从而导致农村地区民间借贷还比较普遍，而对于民间借贷这些小农户往往要支付很高的利息。当然，金融市场改革中还存在借款人违约、金融机构风险管理等方面的问题，当然这一些问题不仅存在于农村金融市场，在城市金融中也依然存在。

二、异常的市场波动还时有发生

多年来，我国农产品价格波动频繁，究其原因有需求的因素，但更主要来自生产的波动，因为需求短期内不会有太大变化，但生产则经常出现"一窝蜂上、一窝蜂下"的情况。这又主要归因于农户非科学的生产决策，特别是小农户。虽然单个农户规模小、产量低，但 2.3 亿农户加起来其供给量则会占到市场供给的很大比重。农户非科学的决策，一方面由于决策需要的价格等信息缺乏，特别是未来价格信息，另一方面也有农户决策能力的原因。

目前阶段，我国小农户在生产经营决策中面临两大难题：信息的获取和决策的能力，这是导致农产品异常波动的重要原因。如前所述，对于广大小农户而言，受自身知识储备和相关能力不足的影响，在信息获取上面临着一定的困难。更主要的是，即使能获取到信息，那么合理利用信息做出科学决策的能力也不足。农户的生产经营决策呈现如下特点：①跟着他人走。即村里其他有经验的人生产什么，则自己也跟着生产什么，即跟着村里的能人或精英走。②跟着经验走。自己上年种什么或养什么挣钱，今年就接着生产。③在预期某种产品未来涨价时，多数人都"一窝蜂"扩大生产，风险偏好型的农户会较大规模地扩大生产，即使风险厌恶型或规避型的农户，其生产扩大的数量也往往大于利润最大化时应有的大小，这毫无疑问导致"一窝蜂上"，相反，预期未来价格降低时，出现"一窝蜂下"。④由于我国多数农产品是由这些小规模的农户生产的，其产量往往超过一半或者更多，因而这一产量的波动，必然导致价格的波动，虽然生产中也有大规模的企业或农场（农户），但由于其产量甚至不到一半，最终在市场价格决定中出现"小农户"打败"大企业"的局面。

农产品市场的异常波动，还有部分流通企业囤积居奇等非法经营的原因。如果观察历史上出现过的绿豆涨价（"逗你玩"）、大蒜涨价（"算你狠"）、生姜涨价（"将你军"）、食糖涨价（"唐高宗"）、苹果涨价（"苹什么"）等，可以看出，在这些产品涨价过程中，都伴随着囤积居奇现象，而且价格上涨的时候往往是实体经济不景气，投机资本没有更多选择的情况下，往往就会瞄准这些产量相对较小、相对比较容易储藏的农产品。为此，需要政府大力加强执法力度，坚决打击不正当竞争。

三、相关制度还有待进一步健全

制度是市场运行的基本条件和保障，经过 40 年的发展，我国已基本建成相对完善的市场化制度体系，在制度的执行和监督方面，也取得了重要成就。但随着改革开放的不断深化，特别是在我国对外开放快速推进的背景下，能够灵活适应国内外环境，很好保证市场经济均衡稳定运行的制度改革还需要不断完善，包括反对垄断保护市场主体的制度、城乡一体化的土地制度、灵活高效的金融制度以及相关贸易和投资制度等，切实做到有制度可依、有制度必依。

在建立健全相关制度的同时，还要特别强化制度的执行。目前，我国已经建立了比较完善的反对垄断、促进完全竞争的法律法规，比如，早在 1993 年我国就颁布实施了《中华人民共和国反不正当竞争法》，并经过多次修订。另外，2008 年我国又颁布实施了《中华人民共和国反垄断法》，但是由于种种原因，相关法律法规的执行力度不是很大。有制度方面的原因，比如市场管理部门，没有执法权，而具有执法权的部门又在市场管理方面没有权力或没有经验，一些人也往往是钻了政策的空子。

当然，制度的健全是动态的，一方面，密切跟踪市场的发展变化，做到制度能够很好地反映和保证市场的顺利运行；另一方面，制定时就要特别考虑执行的可行性、可操作性，要明确执行主体的权利，打通不同部门或机构间的关系，为有效执行创造好条件。同时，制度要不断更新和完善，反映时代的发展和需要。

第六章

国外农业市场化经验借鉴

一、欧美国家农业市场化发展的经验

（一）主要经验

在经济发展过程中，政府干预与市场机制作用的发挥往往并驾齐驱，不同经济发展阶段背景下政府与市场职能不断调整，相互补充，市场经济发达国家的发展和经济进步是尊重市场机制在资源配置中起决定性作用的基础上，科学、合理地发挥政府调控作用，实现政府与市场的完美组合。

美国是当今世界上的农业大国，其农业现代化和市场化却经历了漫长的发展和演变过程：①19世纪60年代至20世纪初，美国经济空前繁荣的背景下，农业首先实现了畜力代替人力的半机械化过程，这段时期，在政府推动下产生了农业部，并相继出台了《农业组织部法》《宅地法》《莫里尔赠地法案》等多部法律及法令，保证了人民的合法地权，确立了家庭农场的经营模式，促进了农业教育的起步。②"一战"结束至1950年，政府通过垄断力量帮助农业实现稳定发展，摆脱生产过剩给生产者带来的损失，措施包括限制生产、支持农业生态环境保护、鼓励农业科研活动等政策，期间通过了"珀内尔法""班克黑德—琼斯法"等法律鼓励试验站和实验室发展，促进了农业科研水平的提高。③1950年以来，美国农业完全实现机械化，技术化水平显著提高，期间继续采取限制生产措施，并加大农业政策补贴和价格保护，通过扩大出口和采用新技术缓解农业危机。

法国是欧洲的农业大国，从封建主义的农业国变为现代化的农业强国，其演进过程也可分为三个阶段：①19世纪上半期，集中在王室和贵族手中的土地被分配到广大资产阶级和农民手中，此时的农业依旧延续中世纪小农经济特征，土地分散，规模狭小，封建农业向资本主义农业过渡的速度缓慢。②19世纪中期至20世纪初，法国在工业化的推动下，农业发展经历了快速发展，产生了以雇用劳动为特征的资本主义农场，不同农产品的专业化生产开始出现，农业技术水平也显著提高，农业的商品化率大幅提高，为现代化农业的到来奠定了良好基础。③两次世界大战至今，为了恢复农业发展，加快土地集中，实现规模经营成为政府的重要任务，1960年颁布《农业指导法》，建立土地整治与乡村建设公司促进土地流转，并成立改进农业结构社会基金组织，设立脱离农业的终身补助金，帮助劳动力转移，这些政策扩大了农场的经营规模，随着高新技术在农业的应用、农业组织及管理优化，20世纪60年代，法国已经实现了农业现代化。

从美国和法国的农业现代化演变过程可以看出，美国向农业现代化的演变起步较早，政府在早期就非常重视通过法律制度对农业发展进行规范和监管，法国的过程略缓于美国，"二战"后政府指导农业的角色增强；两个国家的农业现代化发展也有相似之处，如政府重视政策支持、规模化经营、农业科研和科学技术应用，在政府对农业扶持的同时都尊重市场在资源配置中的作用等，政府与市场这只"看不见的手"协调运用，促进了农业现代化水平的提高；从农业生产要素市场来看，在土地、劳动力及资本市场等领域形成自由市场为主导的生产经营组织模式；从农产品市场来看，形成了现货市场与期货市场都相对完备的市场体系，农产品价格形成主要由市场决定；从农业产业的组织程度来看，形成了完善的社会化服务体系；从国家农业支持政策的演变过程来看，政府调控手段逐步向市场化方向发展，市场这只"看不见的手"成为农业政策调整的重要原则。

以下对以美国为例的市场经济国家在农业发展过程中形成的经验进行总结，为我国农业市场化改革提供参考和借鉴。

（1）明确的产权制度安排。产权经济学认为人的欲望是无穷的而资源是稀缺的，市场经济的发展需要优化资源配置，而资源配置的前提则是产权的明确归属；科斯定理就清楚地界定财产的权利是市场交易的前提，而市场交易可以实现资源更有效、更合理的配置。从西方市场经济国家的发展历程来看，市场机制在实现农业资源配置方面起到了主要作用，农地产权制度安排经验值得参考和借鉴。

美国的农业生产平均规模较大，专业化程度较高，同时，农业生产主要以自由市场为主导，属于市场集中、产地集中的大生产大流通模式，是市场经济国家农业发展的典型代表。产权制度是土地市场交易的基础，在美国，96%的土地属于私人所有，法律保护农地所有权不受侵犯，允许私人之间土地买卖和出租，政府一般不干涉。因此，农地价格和其他商品一样由市场这只"看不见的手"调节，政府只是通过经济手段和法制措施，如信贷支持、政策引导、利息调节、价格补贴等鼓励诱导家庭农场规模的适度扩大。美国的土地流转形成以下特点：一是土地产权明晰。土地所有者拥有土地收益分配和处置的权利，土地收益除了缴纳比较固定的土地税、农产品销售所得税、房产税等之外，都归土地所有者支配；同时，土地转让、租赁、抵押、继承等各方面也都具备完全不受干扰和侵犯的权利，而政府只保留土地征用权、土地管理的规划权和征收土地税的权利。二是土地流转为市场调节，即通过购买或租赁获得所需要的土地，土地流转的管理主要是通过其发达的市场和权责明确的交易秩序和原则来进行，土地管理机构对私人土地买卖的管理只限于登记收费，土地交易纠纷一般都通过法律程序来解决。更为重要的是，美国建立了城乡均等的土地产权体系。虽然实行各级政府所有、个体所有的土地私有制度，但社会个体或企业获取土地、农业资源等的准入门槛较低，有利于社会资源资本的快速整合与配置。

除了美国以外，法国、英国等市场经济国家的农地产权安排也非常明晰，并有明确的法律予以保护。法国是欧洲农业最发达的国家，实行的是土地所有者直接经营与租佃经营相结合的模式。1960 年颁布的《农业指导法》中确认了农地经营合同制度，经过多次修订，确认了政府与农民之间的契税关系及所有者与经营者之间的租佃关系。农地流转的形式丰富多样，农地使用权、所有权、农地的用益物权都可以流转，其中，农地用益物权的流转包括出租、买卖、无偿转让及抵押等多种形式。《法国民法典》在物权制度中，坚持使用权与所有权的分离，充分保护了农场主与地主的利益，并且提高了流转交易的效率。英国的现代农业制度实施的是所有权与使用权分离的模式，按照财产法的规定，拥有土地使用权者被称为土地持有人或租借人，土地持有人所保有土地的权利总和（被称作地产权）包括土地的使用权、发展权、维护权和处分权。地产权分为自由保有权和租借保有权。自由保有权即为土地持有人长期所有，一般以契约或居住、耕作使用等形式为基础来确定，如在他人土地上居住或使用满 12 年，该土地就视为使用者保有；租借地产权是一种具有期限的地产权，一般期限为 125 年、40 年、20 年、10 年等。大部分租借地产权依协议产生，按照租赁协议或合同来确定土地权益和内容，在租赁期内不能任意改变。此外，英国遵循市场价格或以市场价格为基础，合理确定征地标准补偿由于征地带给农民的所有损失，有效保障了农民利益。

（2）生产者经营管理能力的培养。市场经济国家的农民多采取家庭农场形式从事农业生产，规模化经营使生产者形成了良好的风险管理意识和经营管理能力，促进了农业的市场化发展。从国外的经验来看，美国、法国等农业发达国家均形成了良好的教育及法律、法规体系，实现对农业生产者的教育和培训。

美国特别重视对农民的教育，专门建立了针对农民进行教育的法律、法规制度，如《莫雷尔法》要求将获得的土地投资建设"农工学院"，专门讲授农业知识并培养农业人才；《哈奇法案》确保每个州都建立自己的农业科研机构；《史密斯—利费法》要求每个州建立一个从事农业推广的机构，负责向农民提供教育和培训等，这些法律制度保障了农民及时得到教育和培训，有利于科研成果的快速应用。除制定专门的法律制度以外，政府财政每年投入大量资金加强农业人力资本积累，并定期举办各种农业博览会加强农业知识宣传，推广新产品；此外，很多民间机构积极组织农民协会推动农民教育和农村经济发展。政府及民间组织等在教育和培训农民等方面的积极努力有效地改善了农民的生产技能和技术水平，提高了应对市场风险的意识和经营管理水平，农民根据市场信息生产和销售，促进了农业生产效率的提高。

法国非常重视农业科技和推广体系的建立，对农民的专业技术水平也要求较高，为了提高农民的专业知识，专门建立相应的农业教育体系，由高等农业教育、中等农业职业技术教育及农民职业教育组成，而且法国大学内有农科院，教学科研与推广各单位不重复设置，全国布局合理，使农业教育、科研与推广有机融合，满足农业工人、农业技师、农业高级技师、工程师及科研人员等不同层次的农业人次培养需求，保证了从事农业的农民具有农业技术高中或农业专科大学的文化水平，能够及时掌握科学知识，并具备良好的经营管理能力。此外，法国的农业科研活动紧密围绕生产和市场需求展开，注重面向市场发现课题，开展创新研究，并注重帮助企业解决难题，实现农业科研成果向生产力的转化。

（3）发达的农业金融体系。农业发展需要获得可持续的资金支持，市场经济国家农业发展所需的资金来源广泛，政府公共财政主要投资于改善农业生产环境、完善农业基础设施、保护生态既促进农业可持续发展等公共产品领域；同时，民间金融组织发展完善，为农业发展提供了多元化的资金来源，政府和民间资本相互补充，有效解决了农业发展中的资金难题。

美国农业发达离不开完善的农村金融投资体系，在法律保护和政策引导下，美国已经形成了政府与市场，政府、企业与民间组织相互配合、明确分工的投融资体制，一方面政府通过财政预算为农业发展提供大量资金，另一方面，农业信贷、商业银行、人寿保险公司、社会组织及农场主个人等金融机构和资金来源渠道众多。其中，美国农场信贷体系（FCS）是存在历史较长独具特色的金融支农工具，包括联邦土地银行、联邦中期信用银行和合作社银行三大系统，与商业银行和其他的私营机构形成竞争关系。农场信贷机构在农场信贷体系则主要为农业提供中长期贷款，尤其关注年轻的、新兴的、小的农场主，为其提供充足的信贷支持和相关服务，约占39%的市场份额，成为美国农村金融体系的"中流砥柱"，为农业现代化的发展做出了不可估量的贡献。

（4）完善的现货市场与期货市场体系。期货市场是在现货市场发展到一定程度后根据市场主体需要自然产生的，市场经济发展相对成熟的国家一定是现货市场与期货市场都发展相对完善的国家。成熟的期货市场上形成的价格信息具有公开性、透明性和预期性，从而使期货市场具备了发现价格和规避风险的功能，不仅可以提前了解未来价格走势，为农业生产者规避价格波动风险，锁定收益；而且能够及时反映行业供求变化及国家宏观经济走势，已经成为生产、贸易、国家宏观调控、制定政策等领域不可或缺的参考指标。

美国农产品现货市场上的交易主体众多，包括批发与零售企业、企业化经营的农场、农协与合作社等，20 世纪五六十年代，农产品通过批发市场流通的比例曾经高达80% ~ 90%，如今农产品的流通主要通过配送中心、超市和连锁店到达消费者手中，贸易环节减少，流通距离缩短，大大提高了农产品的流通效率。美国农产品的市场交易多采用合同形式，大多数农场主通过与合作社、中间商、大型超市、批发企业等签订合同的方式参与生产和市场销售，如合同制的禽类生产占全国禽类供应总量的80% 以上，豆类、烟草、奶制品等则占到50% 以上。如今农产品流通方式在信息技术和互联网快速发展的背景下日益发生变化。

同时，美国也是农产品期货市场产生较早的国家，其农产品期货市场已经成为世界定价中心。19 世纪后期至 20 世纪初，美国经济增长强劲，随着国内外市场的扩大及运输条件的改善，农产品贸易不断增加，农产品期货在大量需求之下由农产品买卖双方共同推动产生，内生于市场经济发展过程，且与产业结构发展程度密切相关。农产品期货合约属于标准化合约，合约规定具体的交易品质、数量、交货时间、交货地点以及付款条件等，使市场参与者可以相互转让，极大地提高了期货交易的市场流动性，为生产者、贸易商和加工商规避价格波动风险提供了便利工具。美国的农产品期货市场发展经历了自由产生、混乱发展和专业机构监管的演变，期间政府通过制定法律、设置专门机构等方式加强对期货市场的监督管理，如 1922 年制定的《谷物期货法》，在农业部内设置谷物期货管理局（CEA）；1936 年出台的《商品交易法》；1974 年颁布的《商品期货交易委员会法》，成立商品期货交易委员会（CFTC），标志着期货市场从此步入专业机构监管的正规发展阶段。

可见，正是政府部门及专业机构的监管才成就了今天成熟发展的期货市场。在运用期货市场管理价格波动风险方面，美国的政府部门、农业生产者、贸易商和企业形成了以下几种不同经验：一是政府部门根据期货价格信息了解各行业发展形势，预判经济走势，加强和改善宏观调控；将农业补贴政策改革与期货（期权）市场结合起来，期货价格信息制定国内价格政策、信贷政策的重要参考指标，实现了财政补贴向市场机制的转变。二是农业生产者参考期货价格信息决定生产和销售时机，直接或间接参与期货市场分散价格波动风险，提高了自身的竞争和生存能力。三是贸易商和企业参考期货价格或直接套期保值制定采购和销售计划，规避价格波动风险，降低经营成本；在大宗商品贸易中采用"期货 + 升贴水"的方式定价，改变了传统的定价模式。此外，金融机构与期货市场合作，产生了"期货 + 信贷""期货 + 保险"等模式。

政府极度重视农产品市场信息收集和分析。美国通过立法性方式将信息收集和发布工作纳入政府职能，并通过农业部及其下属单位的努力建立及时收集、分析、预测及发布的农业信息系统，农场主可以通过互联网无偿获得所需信息，极大地提供了农业生产的信息化程度。此外，政府非常重视对生产者风险管理教育和培训。美国专门开展对生产者、保险代理人、经纪人的风险管理教育，通过研讨会、培训课程等方式让农民意识到风险管理的重要性及有效途径，并专门建立国家农业风险教育图书馆辅助教育计划的实现。

（5）完善的农业社会化服务体系。农业社会化服务体系是商品农业发展到一定阶段的产物，反映农业生产组织方式的变革，体现农业生产的社会化和商品化程度，是衡量农业市场化程度的重要指标。

美国是世界上较早开展农业社会化服务的国家，其农业社会化服务体系高度发达，具有典型意义。美国的社会化服务体系由公共服务系统、私人服务系统和合作社服务系统三大类别，负责产前、产中和产后的信息、技术、采购、加工、销售、信贷、生活等各个方面。其中，政府服务系统通过联邦资金支持农业中公益性强，效益回收慢的项目，通常由农业部及其下属农业研究局、农业推广部门以及州立大学等共同开展相关指导和服务，独具特色的是各州立大学农学院的服务，农学院与农业试验站、农业推广站紧密结合，形成了农业教育、农业科研及农业推广三位一体的服务体系。

私人服务系统的服务范围比较广泛且很灵活，主要提供加工、运输、物流、购销服务和市场信息等；合作社服务系统是可细分为供销、信贷和服务三类，专门负责农业生产物资的采购、产品的销售以及为中小农户的提供低利率农业贷款等。农业社会化服务的形式包括"公司＋农场""公司＋农户"和合作供销等。美国的社会化服务体系中各主体分工明确，公共部门和私人部门分别按照市场规律进行职能分工，提高了资源配置效率。

（6）农业支持政策的市场化演变。市场经济国家的农业发展与政府的保护及支持政策密不可分，但是，从政策调整的趋势来看，基本是遵循市场化的调整方向，一方面，减少政府干预对市场的扭曲，优化国内的资源配置；另一方面，减少"黄箱"政策的支出比例，适应 WTO 规则，避免贸易摩擦。

美国的农业发展一直离不开农业支持政策，最早可追溯到殖民地时期，当时，美国政府就通过扩大耕地面积、建立农业试验站、支持农业合作社等支持农业发展。1933 年，第一步农业法案《农业调整法》出台，1949 年，通过立法确立实施永久性的农业法案，从此，美国的农业政策主要依据农业法案实施。但是，20 世纪 80 年代以前，农业法案的核心内容主要是"农产品计划"，如销售贷款补贴和农产品储备等，政策实施成本很高，对农业和农民收入的影响却不大，政府的财政和库存压力却很大；1985 年，《食品安全法》颁布标志着现代农业法案时期的到来，农业政策调整的市场化趋势日趋明显，例如，通过"无追索权贷款"，大量减少国家农产品的储备；在逐渐降低"销售贷款补贴"的同时，增加同农产品生产脱钩的"直接补贴"和"反周期补贴"以及"平均作物收益选择"项目的支出，减少对市场的干预，提高美国农业的国际竞争力。

2014 年，农业法案进一步加大改革力度，将补贴方式逐渐由价格支持向收入支持转变，大幅增加对农业风险管理的支持力度，继续以生物能源规模来调控粮食需求，这种间接的支持具有更强的隐蔽性，能够适应 WTO 规则要求。通过美国农业政策的演变可以看出，早期美国政府对农业发展的支持政策主要以稳定和提高农产品价格，保障农场主收入为目标，但是政府对市场的干预并没有实现预期目标，很多年份里的农产品过剩导致价格下跌，政府的政策执行成本不断提高，而这些问题促使政府不断调整政策以减少干预对市场的扭曲，而 WTO 规则的要求也是美国政府不得不考虑减少"黄箱"政策的实施。由此可见，未来农业政策的市场化改革将是大势所趋，是遵循市场规律和 WTO 规则的必然选择。

（二）主要启示

以美国为主的市场经济国家的农业市场化的经验表明，农业发展需要政府与市场的相互配合、相互补充，在农业发展的初级阶段，政府需要通过制定法律制度和补贴政策保护生产者利益，运用政府的力量促进农业组织的完善、农业技术采用和经营规模的扩大；在农业发展达到一定程度，尤其是生产过剩和出现农业危机时，政府应减少对市场的干预，遵循市场规律，充分发挥市场机制的作用，总体而言，通过市场化方式扶持农业发展是经济发展的一般趋势，符合 WTO 规定，是未来农业政策改革的主要方向。

当前，我国处于农业供给侧结构性调整阶段，积极探索农产品价格形成机制改革应借鉴国外农业发展经验，充分利用市场机制调节农业产业发展，减少政府对农业的直接补贴，充分利用好"绿箱"政策，增加对农业基础设施、农业科技、农业结构调整的投入，不断完善农业保险体系。此外，从国外生产要素市场、农产品市场发育、社会化服务水平等方面的经验来看，我国未来一段时期还需要不断完善生产要素市场，加强农产品市场体系建设，不断优化社会化服务体系，具体任务如下：

生产要素市场方面，推进农地产权制度改革，加快土地流转，并通过健全和完善法律法规，规范改革的有序进行，尽快培育有效的产权交易市场；加强对农业从业人员的教育和培训，建设一支新型职业农民队伍，提高农业生产者的经营管理能力，带动农业生产效益的提高；完善农业资本市场，吸引多元化的资金来源，提高农业信贷资金的使用效率。

市场体系建设方面，着重加强农产品期货市场建设，推动农产品期货市场服务"三农"的实践，加强期货价格信息在宏观经济调控、目标价格实施等政策制定过程中的参考作用，将期货市场与农业补贴改革相结合，将财政补贴转变为市场调节；引导有条件的家庭农场、种粮大户、合作社、龙头企业积极参与期货市场，充分发挥期货管理价格波动风险的功能。

社会化服务体系建设方面，重点加强农业合作组织建设，提高农民的组织化程度，通过合作社将分散的小农户联合起来；重视农业科技、融资和信息等服务，提高服务质量和水平，提升产前产中服务的专业性，提升产后服务的综合性，加快农工一体化建设，实现工业发展与农业社会化服务体系同步提升。

二、日本农业市场化发展的经验

市场化是农业现代化的灵魂。如果农业没有市场化的机制，没有配套的现代市场体系，没有建立现代供求关系，生产靠政府安排，增长靠政府拉动，那这样的农业只能算是计划农业、传统农业。日本面对相对匮乏的土地资源，其是世界上农业现代化高度发达的国家之一，更有多项农业指标领先于其他发达国家。

但是日本作为亚洲小型发达国家，其在农业保护程度也是发达国家中较高的。日本的农业支持政策经过了高关税、严格价格控制、农业经济协调发展、注重生态保护4个阶段。现行的农业支持政策存在粮食管制制度严格、关税保护政策引发的利益损失等问题，目前正通过发放专项补贴、改变农业结构、改进农协功能等措施对现行农业支持政策进行改革。

（一）主要经验

（1）市场化发展概述。日本是一个人多地少的发达国家，其农业现代化和市场化经历了漫长的发展和演变过程：①"二战"期间，日本农业生产水平和粮食供给逐渐下降，1946~1960年，日本农业现代化进入第一个重要阶段，日本政府以"农村民主化"和"粮食增产"为目标采取了一系列措施促进农业发展。②1961年《农业基本法》正式出台，农业基本法通过生产政策、价格政策和流通政策以及结构政策三个方面的基本政策手段来达到缩小农业和其他产业之间在生产力和生活水平方面的差距的目标。③1999年，日本政府提出了指导21世纪农业发展的新农业法——《食品、农业与农村基本法》，用以达到保障食品稳定供给、发挥农业多功能性和振兴农村的目标。

虽然日本以贸易立国，其经济发展得益于其他国家对日本开放市场，但是日本从未将自由贸易作为基本政策。实际上日本长期利用关税和非关税措施，对某些敏感产品和行业提供保护。例如，对于大米等一些农产品的进口则实行了严格的非关税限制措施。在多边贸易谈判中，日本的贸易政策和实践受到广泛的批评，面临着国际社会要求其开放国内市场的巨大压力。

日本经济过去出现的快速发展带动了农村劳动力向城市的转移，由此形成了农村人口数量的不断下降和农业劳动力逐步老龄化的趋势。随着农民年龄的老化，农户呈现由以农业为主转向以非农业为主的转变。日本农户的这种结构性变化与对农业的保护政策结合在一起，使日本形成了世界上成本最高昂的农业。

由于日本的农业生产成本高，因而随着农产品贸易保护程度的逐步降低，日本农产品的自给率呈现下降趋势。到 20 世纪 90 年代中期，日本农产品的综合自给率已经下降到 65% 左右，其中小麦、粮食和大豆基本依赖进口，肉类和水果的自给率也降低到 50% 左右，奶类、蔬菜和鱼类的自给率稍高。面临这一局面，日本政府在多边贸易谈判中极力强调保障粮食安全的重要意义，要求充分考虑农业部门具有的这一特殊功能，而不应单纯追求扩大贸易开放。在贸易实践上，日本也试图尽可能多地保护对农产品进口的限制措施。

面临农产品贸易走向开放的压力，日本农业也逐步进行结构调整。一方面表现在农业经营规模的变化上，另一方面表现在农业生产结构的变化上。但在调整过程中也出现一些突出矛盾和问题。一是农业生产萎缩，食物自给率下降；二是土地规模经营进展缓慢，农户兼业化和农民老龄化日益严重，全国专业农户和以农为主的兼业农户占全部农户比重从 1960 年的 67.9% 下降到 2010 年的 26.8%；三是农业部门成为贸易自由化的最大障碍，日本长期对农业实行高度支持保护，使其在多边和双边贸易谈判中承受巨大压力。

（2）加入 WTO 后日本农业市场化改革全面调整。1994 年，日本成为 WTO 成员，农业市场化改革开始提速。乌拉圭回合谈判启动后，为接受全球化的挑战，日本对国内农业政策进行一系列调整，特别是近些年来，安倍政府把建设"强大的进取型农业"和"美丽农村、活力农村"作为其施政主要内容；同时 2017 年初，安培政府向国会提交了《农业竞争力强化支援法案》等

7 项法案，试图革除积弊提高农业竞争力。总体而言，日本农业最终实现了现代化，农户收入水平超过了城市家庭，农村的基础设施、公共服务等与城市相差无几。

第一，推进农产品进口自由化和国内价格市场化。日本由原来的农产品进口数量限制和国内农产品市场价格支持改为减少农产品进口数量限制和推动农产品价格市场化改革，改革过程中最具代表性的是大米的改革。

日本国会于 1994 年通过了《食品法》，这标志着日本政府开始着手对以标志着日本的大米市场由过去的全面管控逐步走向开放。由于政府米在大米流通总量中所占的比重下降，市场机制在价格形成上所起的作用随之增强，特别是招标制度从根本上改变了过去以生产成本和农民目标收入水平为依据市场价格的决定，但是迫于生产者利益集团的压力，日本政府最终还是将政府大米价格确定在远高于市场价格的水平。

日本政府除对大米的生产和流通实行一定的干预外，对其余农产品一律采取放开政策，由农民根据农协提供的市场信息和良种自行选择栽培，农民的种植选择权完全在自己手中。

第二，提高农产品质量标准化。日本农民从事生产的一个重要目标是追求质量。以稻米为例，一般每亩产量只有 300～400 千克，但所产大米无论在外观，还是在口感上都属上乘。所以日本农产品不但销路通畅，而且价格优等。

日本消费者非常注重农产品品质。在日本的超市里，可以看到一些蔬菜的外包装上，会印有精美的色彩图片，图片上甚至会标记农民的名字。日本人认为此举有利于建立起消费者对生产者的信任，从而安心购买食品。另外，有些食品包装上还印有二维码，供消费者查询这株蔬菜的营养成分、生产环境、曾使用肥料类型等相关信息。同时，日本政府对于本土食品的安全检测十分严格，日本食品企业和农产品生产者都保持高度自律性，因为一旦发生"丑闻"对其来说都将是非常致命的打击。

第三，开展农地整合措施，推动农业经营方式的改变。为了降低日本耕地细碎化程度、提高机械化率、降低人力成本，日本进行大量财政投入来对农地进行改造。日本政府于 1996 年 6 月发布了《日本食品、农业和农村地区新政策基本方向》，通过这一文件向社会公布了农业结构调整的主要目标。该政策强调通过扩大农场经营规模来降低生产成本，从而提高本国产品的竞争力。受田中角荣的影响，日本财政支农资金从 1 万亿日元左右攀升到 3 万亿日元，其中农业农村整备资金占比从 20.5% 提高到 27.7%。大量的财政投入，加快了农地改造和农地整合。

鉴于日本是老龄化人口从事农业生产，限制了农业现代化的发展道路，因此日本多次修订《农地法》，试图通过放松对农户间土地流转的管制，积极推进农地向有经营能力的农户集中，包括买卖和租赁方式，以促进农地集中、扩大农户经营规模。同时引导新务农者进入农业，以及推进农业经营法人化。

第四，推进农协进一步改革。随着农村人口减少，为保持或扩大服务规模，设在市町村一级的综合农协在逐步合并，全国综合农协已从 1950 年的 13314 个，减少到 2016 年的 659 个。安倍政府修改农协法推进农协改革：一是将日本农协中央会一般法人化，削弱农协的行政力量；二是促进综合农协转型为专业农协；三是将部分农协改制为股份制。

在农产品流通上，日本农协发挥着重要的作用。农民出售农产品总额的 90% 以上都是通过农协组织的。日本的大米是由政府统一收购的，政府收购稻米的业务全部委托农协代办。农协还收购另外一些农产品，转卖到城市市场，或送到农协开设的商店中销售。在农村金融活动上，农协的金融机构向农民提供的贷款占农业贷款的大部分。

日本家庭经营与农协的社会化服务相结合，是日本农业生产的显著特征。经过几十年的发展和完善，日本农协已发展成为集经济职能和社会职能于一体的民间团体，不仅负责组织农业生产，购买生产、生活资料，出售农产品等经济活动，而且还负责将政府的各种补助金分发给农户或有关团体，同时代表农民向政府行政部门反映意见，以保护农民的利益。日本农业市场化因为农协周到的服务而得以迅速发展。

（二）主要启示

（1）更多地发挥市场力量。农业与其他产业相比确实具有特殊性，需要国家给予很多的支持保护。但是，在支持保护的同时，也要给市场留出足够空间。大米是日本最为重要和敏感的产品，在实行高边境保护的同时，也于1998年放弃了政府定价和收购，2018年将放弃稻谷休耕政策，国内生产和流通的市场化程度大大提高。

采取农产品价格支持政策具有普遍性，其目标应以保障农户受益，维持价格的平稳为目标。日本农业发展与其农产品价格支持政策是密不可分的，这是日本能够稳定地发展农村经济的一个重要因素，也是保证日本的农民收入与城市家庭收入接近的原因之一。构建完善的农产品价格稳定调控政策，应从生产源头保障和提高农户收益，实现农产品的供给稳定，抑制农产品的价格波动。

中国的稻谷和小麦最低收购价政策已严重偏离2004年粮食流通体制改革的初衷，过高的托市收购价造成生产过剩，也不利于优质优价。我国可考虑分两步走：第一步，降低预案启动的概率。通过降低最低收购价水平、收缩最低收购价政策覆盖的品种和地区范围，尽可能减少扭曲作用。第二步，取消最低收购价政策。在国家储备调节和65%的配额外关税保护下，实现国内生产和流通市场化。中国棉花、大豆、玉米已实现市场定价，但在生产者补贴的计算、发放方面仍然需要进一步完善，以逐步降低对生产当期的影响。

我国20世纪90年代以来对农业的支持程度有所提高，但是目前我国农业总的支持程度还是处在负值状态，加入WTO后，不仅绿箱政策空间很大，即便用微量允许的"黄箱政策"来衡量，也还有相当大的保护空间。在目前有限的保护政策中，价格支持又占了很大比重，因此我国也同样存在着调整保护方式的问题，这种保护方式对农业的健康发展弊大利小。

（2）不失时机地推动农地规模整合。日本半个世纪以来的农地制度变迁史表明，当小规模兼业经营遇到困难后，固然应该通过政府补贴、社区合作等帮助其短期内增产增收，也应该在地价暴涨之前引导土地流转集中、农民离农进城，解决好留农和离农者的长远生计。中国从1984年起即允许农地流转，比日本的农地管制政策要宽松得多。但中国在户籍改革、农地整合等方面严重滞后，制约着农地经营规模的扩大。

下一步应采取的措施是借鉴日本的做法，一是以农地整合为抓手，加大农业基础设施建设和维护的投入。尤其是加大对土地集中连片整合、农地互换的支持力度，为机械化作业和规模化经营创造条件。二是扩宽新型经营主体和新型服务主体的培养渠道。引导有能力、有意愿的农民工返乡和有知识、爱农业的城市各类人员下乡发展现代农业。发挥社区集体经济组织、农民合作社、供销合作社等作用，特别是要鼓励农资生产商向农业服务商转型，逐步形成竞争性的农业服务市场。三是在深化农地"三权分置"改革过程中，我国要注意发挥集体所有权的优势和作用，科学合理地设置承包权与经营权的权能，便于农地的流转，防治地租过快上涨。

（3）重视和完善农业合作组织。农业合作组织在农户和政府之间发挥着重要的桥梁纽带作用，日本非常重视农业行业协会，大力推进农业合作化组织的建立和完善，引导农民参与其中，对农产品的价格信息、生产销售和农民收入提供了巨大帮助。

中国的农业合作组织无论是在建立还是在完善方面都存在很多问题，国家应该鼓励农业合作组织的建设和发展，结合国情提高农业组织化程度，大力发展各种农业专业协会，搭建起农民和政府之间的桥梁，以此为形式推广新技术开发，提高农民自身素质，增强农民的环保意识，最终提高农民的收入水平，保护农户的基本利益。

附录1

中国农村有关集市的起源与发展

附表1 中国农村集市的起源

起源的特点	举例
河岸湖畔来往便利之处	圣聚（涿郡良乡，今北京房山县），有圣水流经；阳亭聚（南阳郡山阳县，今河南山阳)），位于平阳水东岸；彭泽聚（丹阳郡宛陵县，今安徽宣城）；澶渊聚（沛国杼秋县，今安徽砀山），"大概也是聚因水名"
交通要道，战略要地	长安曲邮聚（今陕西临潼境内），地处长安至关东行程的起点，邮驿之头站；黄邮聚（南阳郡棘阳县，今河南南阳）。邮驿无疑处于交通便利之处，常率先成为交易之所；长安千人聚（位于今西安），则是宣帝葬卫后之地，又追谥赐园，以倡优杂伎千人乐其园，这么多的宫中倡优杂伎，向附近地区提出了消费需求，对周围自然形成吸引力；平阳聚（右扶风美阳县，今陕西岐山），是秦宁公一度建都的旧址
历史悠久的古老村落	泰山郡的菟裘聚（在今山东泰安），其历史可上溯到春秋初年；京兆尹的苍野聚，则可上溯到春秋末期
因物产闻名而形成	任城的桃聚、南阳的杏聚、陈留的葵丘聚、弘农的桃丘等。长安西的细柳聚，曾是周亚夫屯军之地，聚内有市，且称之为柳市，大约以贩运柳枝为大宗，柳枝是北方农民编织筐笭等手工业品的主要原材料
边远地区，农村市场也逐渐形成	河西四郡（武威、张掖、酒泉、敦煌）地处边塞地区的一些屯戍卒民聚居的坞壁、交通要道上的某些邮驿，及地方上的一些乡里，有最基层的乡村集市，称"乡市""市里"

资料来源：笔者整理。参考龙登高. 中国传统市场发展史［M］. 北京：人民出版社，1997：26.

附表 2　中国宋代农村集市的发展

序号	交易类型	特点	备注
1	货郎交易	沿村叫卖，逐户交易；周期性集市交易的补充	
2	定期集市	农民群聚交易，实现"有无相易"；一般以传统的干支纪时法来安排	集日，时称"合墟""趁墟"
3	集会贸易	特殊形态的集市；往往一年开市一次；交易规模大，波及地域广	庙会、道会、"社"等
4	市镇常市*	有的集市所在地演进发展为墟市、集镇	城市附郭草市与卫星市镇、商道市镇、军镇

注：*市镇之名，流行于明清。宋元文献中名类繁多的店（草店、道店、村店等）、步（埠）、市、墟等大体都属草市（即非官方的市场，由民间自发形成）。据考证："店广泛存在于华北、华中，尤以华北、四川陆路交通发达的要冲之地居多；市在全国都存在，尤以江南地区发展更大；步因兴起于水路要冲而得名，意谓水边小镇，华中、华南居多。"

资料来源：龙登高. 中国传统市场发展史［M］. 北京：人民出版社，1997：188.

附表 3　明清时期山东省专业集市情况

地点	时间	集市情况	交易特点	历史记载
清平县	嘉庆初	新集、王家集、康家庄、仓上、魏家湾及县城等棉花市	棉花市（该县为清代发展起来的棉产区）	嘉庆《清平县志》卷 8 记载："四方贾客云集，每日交易以数千金计"
高唐州	道光	棉花市"数十集场"	棉花交易	光绪《高唐州志》卷 3 记载："每集贸易者多至数十万斤"
郓城	雍正	萧皮口集，每旬逢三、五、八、十开集四次	棉花交易	每次开集，必有棉花应市
禹城	嘉庆	县庙会	生产资料为主	嘉庆《禹城县志》记载："亦惟日用农器、马牛驴冢之属为多"
兖州	明至清末	每年四月十八日祀天仙	农具等生产资料为主	"结合市农具"，"远迩毕至"
济南	明清	四月有黄山会	农具等生产资料和日用品	"农具、诸家居用物溢路，铺设里余，俗称大集。"
东昌	明清	每年三四月	农具、耕畜等	"三四月间，居民转鬻牛马、耕具，旁郡商贾往往凑集，三日而罢"
莱州	明清	胶州有九龙山会	马牛等	"每岁四月市马牛者集此"

资料来源：笔者整理。参考《山东庙会调查》；龙登高. 中国传统市场发展史［M］. 北京：人民出版社，1997：406–407.

附表 4 明清时期广东省主要集市及其覆盖范围

集市名称	交易产品及特点	覆盖、服务区域
广宁县的墟市	绸缎、布匹以及山珍海错与各色服食	省会、佛山、西南、陈村各埠；珠江三角洲各县的商人
韶州府浮源县营埠市	棉花、芝麻、葛芋等	湖南之郴州、广西之桂林，邻省，尤以广西商人最多
肇庆府高明县	每月三六九日集；"百物咸备"	高要、南海、新会、顺德、东莞数县；同时，通过集市贸易与下游珠江三角洲商品交流
三洲墟	三、六、九日趁；货以鱼花、土丝为最	东入西江顺流而下不远至南海县九江大墟

资料来源：笔者整理。

附表 5 中国主要地区对于邻近墟集群的不同称呼

序号	地区	集名
1	河北	插花集
2	广东	插花墟
3	广西	交叉墟
4	四川	转转场
5	云南*	以十二地支属相命名，比如：鼠街、牛街

注：*《滇南志略》记载，昆明各地"日中为市，率名曰街。以十二支所属分为各处街期。如子日名鼠街，丑日名牛街之类"。

附表 6 明清时期中国主要地区集市的繁荣

地区	集市的繁荣	史志
广东墟市	"一旬之内，咸定以期，所近各不相复"	咸丰《匝德县志》卷5
河南汝城鲁山县	凡集市 11 处，以月为单位，开市周期各不相同，每月一集、二集、三集、四集、五集不等	明嘉靖县志
山东济南府	县城"东西北三关，近城门皆立市，南关厢市稍远，月则六期轮集贸易，盖所以便民均钱谷，通有无"	康熙《邹平县志·街市》
河北保定府雄县	共 9 个集市，每日有集，互不冲突。一旬之内，从一日到十日分别是：瓦桥市；东赵市；南瓦济市；涞河市；下村市；北关市；留镇市；易市；东赵市；北瓦济市；涞河市；下村市；永通市	嘉靖《雄乘》
浙江台州府宁海县	集市以一旬为单位，每天都有集市，平均每天有两处开集，少则一处，多则三四处	崇祯县志

附录 2

中共中央国务院有关
农业市场的相关文件

为了让大家更好地从制度和政策角度理解我国农业市场化改革的逻辑，下面将围绕我国改革开放以来的时间线，梳理主要政策文件，特摘录了其中"有关市场化改革"的内容，并进行简单的说明。

1. 中共中央关于经济体制改革的决定（1984 年 10 月 20 日通过）

——第五部分为"建立合理的价格体系，充分重视经济杠杆的作用"

1984 年 10 月 20 日中共中央十二届三中全会举行，会议通过《中共中央关于经济体制改革的决定》，分为 10 个部分，提出要建立自觉运用价值规律的计划体制，发展社会主义商品经济。其中，第五部分为"建立合理的价格体系，充分重视经济杠杆的作用"，主要内容如下：

我国现行的价格体系，由于过去长期忽视价值规律的作用和其他历史原因，存在着相当紊乱的现象，不少商品的价格既不反映价值，也不反映供求关系。不改革这种不合理的价格体系，就不能正确评价企业的生产经营效果，不能保障城乡物资的顺畅交流，不能促进技术进步和生产结构、消费结构的合理化，就必然造成社会劳动的巨大浪费，也会严重妨碍按劳分配原则的贯彻执行。随着企业自主权的进一步扩大，价格对企业生产经营活动的调节作用越来越显著，建立合理的价格体系更为急迫。各项经济体制的改革，包括计划体制和工资制度的改革，它们的成效都在很大程度上取决于价格体系的改革。价格是最有效的调节手段，合理的价格是保证国民经济活而不乱的重要条件，价格体系的改革是整个经济体制改革成败的关键。

当前我国价格体系不合理的主要表现是：同类商品的质量差价没有拉开；不同商品之间的比价不合理，特别是某些矿产品和原材料价格偏低；主要农副产品的购销价格倒挂，销价低于国家购价。必须从现在起采取措施，逐步改变这种状况。

价格体系的不合理，同价格管理体制的不合理有密切的关系。在调整价格的同时，必须改革过份集中的价格管理体制，逐步缩小国家统一定价的范围，适当扩大有一定幅度的浮动价格和自由价格的范围，使价格能够比较灵敏地反映社会劳动生产率和市场供求关系的变化，比较好地符合国民经济发展的需要。

改革价格体系关系国民经济的全局，涉及千家万户，一定要采取十分慎重的态度，根据生产的发展和国家财力负担的可能，在保证人民实际收入逐步增加的前提下，制定周密的切实可行的方案，有计划有步骤地进行。改革的原则是：第一、按照等价交换的要求和供求关系的变化，调整不合理的比价，该降的降，该升的升；第二、在提高部分矿产品和原材料价格的时候，加工企业必须大力降低消耗，使由于矿产品和原材料价格上涨而造成的成本增高基本上在企业内部抵销，少部分由国家减免税收来解决，避免因此提高工业消费品的市场销售价格；第三、在解决农副产品购销价格倒挂和调整消费品价格的时候，必须采取切实的措施，确保广大城乡居民的实际收入不因价格的调整而降低。同时，随着生产的发展和经济效益的提高，职工工资还要逐步提高。必须向群众广泛宣传，我们在生产发展和物资日益丰富的条件下，主动改革价格体系，解决各种比价不合理的问题，决不会引起物价的普遍轮番上涨。这种改革，是进一步发展生产的迫切需要，是符合广大消费者的根本利益的。一切企业都应该通过大力改善经营管理来提高经济效益，而决不应该把增加企业收入的希望寄托在涨价上。决不允许任何单位和任何人趁改革之机任意涨价，人为地制造涨价风，扰乱社会主义市场，损害国家和消费者的利益。

在改革价格体系的同时，还要进一步完善税收制度，改革财政体制和金融体制。越是搞活经济，越要重视宏观调节，越要善于在及时掌握经济动态的基础上综合运用价格、税收、信贷等经济杠杆，以利于调节社会供应总量和需求总量、积累和消费等重大比例关系，调节财力、物力和人力的流向，调节产业结构和生产力的布局，调节市场供求，调节对外经济往来，等等。我们过去习惯于用行政手段推动经济运行，而长期忽视运用经济杠杆进行调节。学会掌握经济杠杆，并且把领导经济工作的重点放到这一方面来，应该成为各级经济部门特别是综合经济部门的重要任务。

2. 国务院关于完善粮食合同定购制度的通知（1986 年 10 月 14 日）
——详细规定了粮食合同定购的办法

目前，粮食作物的秋冬季播种即将开始，为安排好粮食生产，保证明年粮食产量稳定增长和国家必需的商品粮来源，有必要进一步完善粮食合同定购制度。为此，特作如下通知。

一、稳定粮食合同定购任务。1987 年全国粮食合同定购任务，仍维持1986 年的 1215 亿斤水平。个别地区定购任务突出不合理的，各省、自治区、直辖市可在不减少国务院核定的定购任务前提下适当调整。为了以丰补欠，保证合同定购任务的完成，中央对各省、自治区、直辖市定购任务仍按九折包干，即 90% 的部分按"倒三七"比例价结算，其余 10% 按"议转平"价结算。

二、充实合同定购的经济内容。1987 年中央专项安排一些化肥、柴油与粮食合同定购挂钩，每百斤贸易粮拨付优质标准化肥 6 斤、柴油 3 斤（上调中央的合同定购粮食，每百斤贸易粮仍拨给优质标准化肥 10 斤）。各地也要尽可能挤出一部分化肥和柴油用于粮食定购，同中央拨付的部分合在一起确定挂钩标准，向农民宣布。中央专拨同粮食合同定购挂钩的化肥和柴油，一律按平价保证供应，不准挪作他用，由各地有关部门印制票证发给农民购买。票证当年有效，允许群众之间相互调剂。国家对合同定购的粮食发放预购定金，由粮食部门按合同定购粮食价款的 20% 发放，在农民交粮时扣还，利息由中央财政负担。具体办法，由中国农业银行与中国人民银行、财政部、商业部拟定下达。预购定金主要用于商品粮集中产区和粮食专业户，不缺少资金的，也可以不发放。

三、从 1987 粮食年度开始，国家对农民完成合同定购任务外的粮食，实行随行就市，议价收购，让农民从多卖议价粮中增加收入。国家弥补平价粮食收支差额所需要的粮食，用"议转平"的办法解决。"议转平"的粮食品种，限于大米、小麦、玉米和主产区调出的大豆。"议转平"的具体办法，由商业部、财政部另行下达。

四、1986 粮食年度国家委托代购计划，从秋粮收购开始，除小麦外，可通过议价收购方式完成。向农民议购的价格，每斤贸易粮可在原超购价基础上加三分钱；市价低于这个水平的，应随行就市议购。各级粮食部门要严格手续制度，严禁弄虚作假套取国家差价款。违反规定的，要严肃处理。

五、在完善粮食合同定购制度的同时，采取有效措施压缩平价粮食销售，扩大议价销售和市场调节范围，争取在三、四年内逐步做到合同定购与平价销售所需要的粮食基本平衡。

以上完善粮食合同定购制度的内容，各地要及早向农民宣布，讲清粮食合同定购任务既是经济合同，又是国家任务，是农民应尽的义务，必须保证完成。

3. 中共中央关于建立社会主义市场经济体制若干问题的决定（1993 年 11 月 14 日）

——特别指出"当前培育市场体系的重点是，发展金融市场、劳动力市场、房地产市场、技术市场和信息市场等"。

党的十四届三中全会通过《中共中央关于建立社会主义市场经济体制若干问题的决定》，决定明确了我国经济体制改革面临的新形势和新任务，对主要领域的改革进行了总体部署，包括：转换国有企业经营机制，建立现代企业制度；转变政府职能，建立健全宏观经济调控体系；建立合理的个人收入分配和社会保障制度；深化农村经济体制改革；深化对外经济体制改革，进一步扩大对外开放；进一步改革科技体制和教育体制；加强法律制度建设；加强和改善党的领导，为本世纪末初步建立社会主义市场经济体制而奋斗。

第三条特别提出：培育和发展市场体系，成为我国各领域市场化改革的重要指导方针。

决定认为，发挥市场机制在资源配置中的基础性作用，必须培育和发展市场体系。当前要着重发展生产要素市场，规范市场行为，打破地区、部门的分割和封锁，反对不正当竞争，创造平等竞争的环境，形成统一、开放、竞争、有序的大市场。

推进价格改革，建立主要由市场形成价格的机制。现在大部分商品价格已经放开，但少数生产资料价格双轨制仍然存在，生产要素价格的市场化程度还比较低，价格形成和调节机制还不健全。深化价格改革的主要任务是：在保持价格总水平相对稳定的前提下，放开竞争性商品和服务的价格，调顺少数由政府定价的商品和服务的价格；尽快取消生产资料价格双轨制；加速生产要素价格市场化进程；建立和完善少数关系国计民生的重要商品的储备制度，平抑市场价格。

改革现有商品流通体系，进一步发展商品市场。在重要商品的产地、销地或集散地，建立大宗农产品、工业消费品和生产资料的批发市场。严格规范少数商品期货市场试点。国有流通企业要转换经营机制，积极参与市场竞争，提高经济效益，并在完善和发展批发市场中发挥主导作用。根据商品流通的需要，构造大中小相结合、各种经济形式和经营方式并存、功能完备的商品市场网络，推动流通现代化。

当前培育市场体系的重点是，发展金融市场、劳动力市场、房地产市场、技术市场和信息市场等。

发展和完善以银行融资为主的金融市场。资本市场要积极稳妥地发展债券、股票融资。建立发债机构和债券信用评级制度，促进债券市场健康发展。规范股票的发行和上市，并逐步扩大规模。货币市场要发展规范的银行同业拆借和票据贴现，中央银行开展国债买卖。坚决制止和纠正违法违章的集资、拆借等融资活动。

改革劳动制度，逐步形成劳动力市场。我国劳动力充裕是经济发展的优势，同时也存在着就业的压力，要把开发利用和合理配置人力资源作为发展劳动力市场的出发点。广开就业门路，更多地吸纳城镇劳动力就业。鼓励和引导农村剩余劳动力逐步向非农产业转移和地区间的有序流动。发展多种就业形式，运用经济手段调节就业结构，形成用人单位和劳动者双向选择、合理流动的就业机制。

规范和发展房地产市场。我国地少人多，必须十分珍惜和合理使用土地资源，加强土地管理。切实保护耕地，严格控制农业用地转为非农业用地。国家垄断城镇土地一级市场。实行土地使用权有偿有限期出让制度，对商业性用地使用权的出让，要改变协议批租方式，实行招标、拍卖。同时加强土地二级市场的管理，建立正常的土地使用权价格的市场形成机制。通过开征和调整房地产税费等措施，防止在房地产交易中获取暴利和国家收益的流失。控制高档房屋和高消费游乐设施的过快增长。加快城镇住房制度改革，控制住房用地价格，促进住房商品化和住房建设的发展。

进一步发展技术、信息市场。引入竞争机制，保护知识产权，实行技术成果有偿转让，实现技术产品和信息商品化、产业化。

发展市场中介组织，发挥其服务、沟通、公证、监督作用。当前要着重发展会计师、审计师和律师事务所，公证和仲裁机构，计量和质量检验认证机构，信息咨询机构，资产和资信评估机构等。发挥行业协会、商会等组织的作用。中介组织要依法通过资格认定，依据市场规则，建立自律性运行机制，承担相应的法律和经济责任，并接受政府有关部门的管理和监督。

改善和加强对市场的管理和监督。建立正常的市场进入、市场竞争和市场交易秩序，保证公平交易，平等竞争，保护经营者和消费者的合法权益。坚决依法惩处生产和销售假冒伪劣产品、欺行霸市等违法行为。提高市场交易的公开化程度，建立有权威的市场执法和监督机构，加强对市场的管理，发挥社会舆论对市场的监督作用。

在上述背景下，1994 年我国开始了"财税体制改革（分税制）、汇率制度改革、外贸体制改革和住房制度改革等"，国内市场化改革全面推进。

4. 国务院关于深化粮食购销体制改革的通知（1994年05月09日）

粮食是关系国计民生的特殊重要商品。做好粮食购销工作，对于促进我国粮食稳步增长，保持粮食市场稳定，安排好人民生活，保证各项改革顺利进行关系重大。为加强国家对粮食的宏观调控，深化粮食购销体制改革，稳定粮食市场，特作如下通知：

第一、切实做好粮食收购工作，确保国家掌握必要的粮源

国家掌握必要的粮源是稳定粮食市场、安定大局的重要物质基础。根据近年来我国粮食市场供求情况，粮食部门必须收购社会商品粮的70－80％，即900亿公斤左右（贸易粮）。其中：（一）500亿公斤为国家下达的任务（含农业税征实），也是农民应尽的义务。各级政府要落实到生产单位和农户，确保完成。收购价格由国家根据粮食市场的供求情况和按照既能调动农民种粮的积极性、缩小工农产品的剪刀差，城镇居民又能承受的原则，合理确定；允许各省、自治区、直辖市适度浮动，形成合理的地区差价、品种差价、季节差价和质量差价。（二）其余400亿公斤由各省、自治区、直辖市政府按照价格随行就市的原则组织收购。各级政府和粮食部门要加强对粮食市场的管理和调控，运用经济手段，确保粮食市场价格的基本稳定。

油脂的购销数量及其政策，由各省、自治区、直辖市人民政府，本着粮食部门要掌握主要油源、确保市场供应的原则，自行决定。

第二、保护城镇人民口粮供应，安排好人民生活

各级政府要安排好城镇居民和农村缺粮农民所需口粮的供应。特别要保证军粮和工矿区职工、大专院校学生、低收入居民的口粮，以及灾区、常年缺粮的贫困区、水库移民区群众的口粮供应。销售价格的确定应以进货价为基础，加上必要的费用和合理利润。各地政府要确保普通粮食品种的供应和销售价格的基本稳定。

第三、平抑粮价，稳定市场

建立健全灵活的粮食吞吐调节机制，适时平抑粮价，稳定粮食市场，促进生产，保证供应，是粮食部门的重要任务。要建立市场信息网络，密切注视市

场动向，及时采取措施稳定市场，防止乱涨价。当市场粮价低于国家规定的收购价时，各地政府要组织粮食部门按规定的收购价及时收购粮食，防止谷贱伤农，以保证生产者的利益。当市场价格过高时，要及时组织抛售，以平抑价格，保证消费者的利益。在需要抛售时，首先动用地方储备粮，必要时再动用国家储备粮。抛售方法：一是通过国有粮店公开挂牌销售；二是通过粮油批发市场抛售，平抑粮油批发价格。抛售粮油发生的价差和运费，按照财政隶属关系分别从中央和地方的粮食风险基金中解决，具体办法另定。

第四、组织好产区和销区的购销衔接，疏通粮食流通渠道

做好产区和销区粮食购销衔接工作，对安排好当地粮食的总量平衡，稳定粮食生产，保证粮食供应，具有重要作用。一是逐步建立产区和销区之间长期稳定的购销关系。今后，每年由国内贸易部、国家粮食储备局组织粮食企业在国家和省的区域性粮食批发市场进行交易，签订购销合同，调剂产销余缺。对北京、天津、上海、广东、福建、海南等粮食主销区，在铁路运输等方面，给予重点帮助。为保证购销合同兑现，要按合同成交额交付一定比例的保证金。二是销区粮食批发企业出省采购粮食，必须到产区县以上粮食批发市场购买。实行产销企业直接见面，以现货交易为主，也可协商签订购销合同。销区不得直接到产区农村抬价抢购粮食。银行和铁路、交通部门对正常的粮食贸易，要在资金、运输等方面给予优先安排。

第五、加强粮食市场管理，掌握批发，放活零售

加强市场管理。为维护粮食市场秩序，各级政府要组织工商、粮食、物价、公安、税务部门加强对粮食市场的监督管理和执法检查，坚决取缔无执照经营。对欺行霸市、哄抬粮价等扰乱粮食市场的行为要严加惩处。要加快制定粮食市场法规，逐步使市场行为规范化、法制化、现代化。

要掌握粮食批发。今年（1994 年）要对粮食批发企业进行清理、整顿，对不符合条件的不予重新登记。粮食批发企业应具备以下基本条件：有一定的资信和自有资金；有必要的经营设施，包括固定场地、仓容和检验手段等；有一定的库存量，并承担社会责任。具体办法由工商、粮食、税务、物价等部门制定。在粮食收购季节，对多渠道的粮食批发企业还应在铁路、交通运输上加

强管理，在宏观上进行调控，做到放而有管、多而不乱。

要加强市场体系建设。总的原则是积极发展粮油初级市场，巩固发展批发市场，逐步建立健全统一、开放、竞争、有序的粮油市场体系。要以农村乡镇集散地为中心，以粮站、粮库为依托，发展农村粮油初级市场，允许农民之间、农民与城镇居民之间在市场上进行粮食零星交易。在粮食主产区建立和完善省、市（地区）、县的区域性粮食批发市场。在铁路中转站、水运码头等粮食集散地，发展一批现货批发市场，以方便粮食由主产区向销区流动。

第六、积极筹措资金，确保收购不打"白条"

各级政府要粮食收购旺季到来之前，要组织有关部门积极筹措资金，实行分级分部门责任制，保证不给农民打"白条"。财政部门要把应拨的资金及时足额拨补到位，不得以任何借口缓拨、欠拨。粮食部门要做好粮油的调销工作，积极催收货款，确保销售货款及时回笼；要认真清理、压缩不合理资金占用，不得发生新的挪用。今年（1994年）6月底前，粮油收购所需银行贷款，由具备条件的粮食企业到农业银行、工商银行办理。7月1日开始，统一到农业发展银行办理，或由农业发展银行委托农业银行办理，实行规定的优惠利率。各有关银行要集中资金保证粮油收购。销区采购粮食，是当地粮食总量平衡的重要组成部分，对省间调剂、调运所需资金必须保证供应。对粮油加工、批发、采购、储备、进出口、多种经营等所需资金，也由农业发展银行和其它商业银行提供。

第七、建立健全粮食储备调节体系，增强国家宏观调控能力

完善国家粮食储备调节制度，健全国家粮食宏观调控体系，是粮食购销体制改革的重点。为加强国家对粮食储备的管理和调度，对少数重点的大型粮油仓库和港口转运站，进行逐步转为国家粮食储备局的直属库（站）的试点。要有计划地由主产区向主销区和多灾地区转移一部分国家储备粮。要将分散储存的国家储备粮适当向国家储备库和交通便利的大型库集并。要充分利用国际、国内两个市场，适时进行品种调剂串换，增值搞活。

各地要掌握必需的周转粮和储备粮。周转粮的规模同确保当地的供应相适应，防止脱销。

从 1994 年度起建立国家油脂储备制度，包括甲字油及 506 油，要逐步达到 5 亿公斤的储备规模。

要加强对储备粮油的管理。国家储备粮油权属中央，未经国务院批准，各级政府、任何单位和个人都不准动用。要尽快建立定人定岗、定期清查、离任交接等制度，全面核查库存，切实做到帐实相符。要加强对储备粮油的监督检查，发现问题，要及时处理。在一、两年内，实现国家储备库计算机管理，逐步联网，提高粮油储备管理的现代化水平。

第八、建立两条线运行机制，深化粮食企业改革

在粮食行政管理部门的统一领导下，粮食经营实行政策性业务和商业性经营两条线运行机制，业务、机构、人员彻底分开。这项工作在今年（1994 年）内完成，以后逐步完善。具体办法，由国内贸易部会同有关部门制定。

各级粮食行政管理部门及其领导下的粮管所（站）、粮库是政策性机构，承担掌握粮源、吞吐调节、稳定市场、救灾等政策性经营任务，所需费用按财政隶属关系分别由中央和地方财政补贴。国家专项储备粮油的保管费用和贷款利息，由财政部根据国家粮食储备局提供的数据，通过省级财政部门拨给省级粮食部门，以利于共同管理，加强监督。对储备粮油的轮换，要给予一定的费用补贴，以保持储备粮油的推陈储新。对粮食企业的财务挂帐，由财政部商有关部门按照《中共中央、国务院关于当前农业和农村经济发展的若干政策措施》（中发〔1993〕11 号）的要求，尽快制定具体办法，抓紧清理，落实措施。

大中城市和县的粮食行政管理部门要引导国有粮食企业，改变目前收购、储运、加工、销售各自为政、小而散的状况，使其有机地结合起来，实行工商、批零、购销的联合，充分发挥群体优势，提高规模效益。要加强经营管理，减少环节，降低费用，提高经济效益。要加强对粮油加工的行业管理，掌握住加工环节。国有粮食加工企业应主要承担城镇和农村缺粮农民的口粮加工任务。中外合资的粮油加工企业要执行国家产业政策，避免重复引进和重复建设。仓储企业要发挥仓储设施的优势，实行栈租制。农村粮站要继续推广"两代一换"（代农储存、代农加工、品种兑换）的经验，办成农村粮油服务

中心，并要试办与农民联合的粮油合作组织，更好地为农业生产和农民生活服务。

国有粮食零售企业是商业性经营单位，主要承担粮食的零售业务，实行独立核算，自主经营、自负盈亏、照章纳税。对零售网点实行合理的批零差，要合理调整经营布局和经营结构，保留骨干，方便群众。

国有粮食企业在经营好本业的基础上，要大力开展多种经营。要探索新的经营方式，试办快餐店、连锁店，发展粮食的小包装和高档次品种，建立配送中心，利用各大商场销售粮油及制成品。

5. 国务院关于进一步深化粮食流通体制改革的决定（国发〔1998〕15 号）

——提出了"四分开、一完善"的国有粮食企业垄断收购粮食的政策

决定指出，近几年来，粮食生产和粮食流通体制改革取得了一定进展，对稳定粮食价格，保证市场供应，发挥了积极作用。但是，现行粮食流通体制仍然没有摆脱"大锅饭"的模式，国有粮食企业管理落后，政企不分，人员膨胀，成本上升；同时又严重挤占挪用粮食收购资金，导致经营亏损和财务挂帐剧增，超出国家财政的承受能力。这些都说明，现行粮食流通体制已越来越不适应社会主义市场经济的要求，到了非改不可、不改不行、刻不容缓的时候了。不改革，中央和地方的责权关系不清，中央财政不堪重负；不改革，国有粮食企业就难以扭转亏损，不能担当粮食流通主渠道的重任；不改革，不利于保护农民的生产积极性，必将影响粮食生产的持续稳定增长。按照党的十五大提出的目标和要求，必须利用当前宏观经济环境明显改善、粮食供求情况较好的有利时机，加快粮食流通体制改革的步伐。改革的原则是"四分开一完善"，即实行政企分开、中央与地方责任分开、储备与经营分开、新老财务帐目分开，完善粮食价格机制，更好地保护农民的生产积极性和消费者的利益，真正建立起适应社会主义市场经济要求、符合我国国情的粮食流通体制。为此，特作如下决定：

一、转换粮食企业经营机制，实行政企分开

决定提出，实行政府粮食行政管理职能与粮食企业经营的分离。粮食行政主管部门代表政府应对全社会粮食流通进行管理，要与粮食企业在人、财、物等方面彻底脱钩，不参与粮食经营，不直接干预企业自主的经营活动。所有国有粮食企业（包括乡镇粮库）都要面向市场，实行独立核算，成为自主经营、自负盈亏、自我约束、自我发展的经济实体，不承担粮食行政管理职能。特别强调国有粮食企业是粮食流通的主渠道，要按照国家有关政策，积极开展粮食收购，掌握必要的粮源，在稳定市场供应和市场粮价中发挥主导作用。

国有粮食企业要深化改革，加快建立现代企业制度，转换经营机制，改善经营管理，降低生产经营费用，增强竞争力。要大力发展连锁、代理、配送等现代流通组织形式和营销方式。同时，国有粮食企业要实施下岗分流、减员增效和再就业工程。直接从事粮食收储业务的人员要逐步减少到现有人员的一半左右。同时要调整人员结构，提高人员素质，建设精干、高效的粮食职工队伍。粮食企业应根据业务性质和经营规模、设施情况等，实行科学、严格的定岗定员制度。下岗分流人员应纳入当地职工再就业工程体系，各级地方政府要支持和帮助国有粮食企业建立再就业服务中心。对下岗人员可以在一定时间内发放基本生活费，鼓励他们寻找新的就业门路。新办粮食企业和新建粮库所需人员，原则上要从现有职工中调剂解决。各级政府不得硬性要求粮食企业接收新的人员。

粮食收储企业的附营业务必须与粮食收储业务划开，设立单独法人，做到人、财、物分离，成为独立核算、自主经营、自负盈亏的经济实体。分离出来的企业，要划转相应的资产和负债，并有必要的资本金。

二、合理划分中央和地方的粮食责权，全面落实粮食省长负责制

强调粮食工作实行在国务院宏观调控下，地方政府对粮食生产和流通全面负责的体制。国务院负责粮食的宏观调控，主要责任是：制定中长期粮食发展规划；搞好全国粮食总量平衡，对粮食进出口实行统一管理；确定全国粮食购

销政策和价格政策；负责中央储备粮的管理并承担利息与费用补贴，以及中央直属粮食储备库建设；在发生特大自然灾害或特大丰收，导致全国性的粮价大幅度波动时，及时采取必要的措施，主要通过中央储备粮的抛售或增储等经济手段稳定市场粮价。

国家积极支持粮食主产区发展粮食生产，在专储粮收购、粮食出口指标、储备仓库建设、粮食风险基金安排等方面给予必要的倾斜。

各省、自治区、直辖市人民政府（以下简称省级政府）要对本地区粮食生产和流通全面负责，主要任务是：（1）加强对粮食生产的领导，发展粮食生产，增加粮食供给，根据市场需求合理调整品种结构。粮食主产区要为国家和粮食主销区提供尽可能多的商品粮，为全国粮食总量平衡作出贡献。粮食主销区也要承担相应的责任和义务。（2）切实做好粮食收购工作。继续实行粮食定购制度，定购粮由省级政府委托地方粮食企业与农民签订定购合同并组织收购。定购粮数量大体保持稳定，品种可根据市场需求作适当调整，价格按照本决定提出的原则确定。继续实行按保护价敞开收购农民余粮的政策，以保护农民种粮的积极性，并且掌握足够的商品粮源，以稳定市场粮价。（3）保证城镇居民口粮，水库移民、需要救助的灾区和贫困地区所需粮食，以及军队用粮的供应。（4）制定和落实消化新老粮食财务挂帐的措施。管好用好粮食收购资金，确保应拨付的补贴及时足额到位，坚决杜绝挤占挪用。建立和完善省级粮食储备制度，根据应付本地区自然灾害及调控市场的需要落实省级粮食储备，并报国务院备案。（5）搞好本地区粮食仓储等流通设施的规划、建设、维修和改造。负责调剂本地区粮食余缺，建立省际间长期稳定的粮食购销关系；按照国家统一安排和统一经营的原则，组织和落实粮食进出口。（6）加快粮食市场体系建设，加强粮食市场和价格管理监督，维护正常流通秩序，稳定市场粮价。

决定要求，进一步健全和完善粮食风险基金制度。粮食风险基金是政府调控粮食市场的专项资金，要按照国务院确定的安排原则和省级财政自筹与中央财政补助款配备比例，确保落实。中央财政和省级财政必须将粮食风险基金纳入年度预算，及时拨付。

粮食风险基金专项用于：省级储备粮油的利息和费用补贴；粮食企业因按保护价收购粮食，致使经营周转粮库存增加，流转费用提高，而又不能顺价出售时应弥补的亏损补贴。粮食风险基金使用范围如作调整，须报经国务院批准。食风险基金在农业发展银行设立存款专户，并通过专户拨补，滚动使用。

决定还提出要完善粮食储备体系，实行储备和经营分开。建立健全储备粮管理制度，对储备粮与企业经营周转粮实行分开管理。中央储备粮实行垂直管理体制。各地区要根据国家的要求逐步建立省级粮食储备，粮权属省级政府。中央储备粮粮权属国务院，未经国务院批准，任何单位和个人都不得动用。国家根据宏观调控的需要和财政承受能力确定中央储备粮的规模和品种，并按照储得进、调得动、用得上的要求和节约储存成本费用的原则调整品种和布局，逐步将目前过于分散的中央储备粮集中到交通便利、便于调控的储备库。

三、建立和完善政府调控下市场形成粮食价格的机制

在正常情况下，粮食价格主要由市场供求决定，粮食企业按市场价格经营粮食。为保护生产者的利益，政府制定主要粮食品种的收购保护价。保护价应能够补偿粮食生产成本，并使农民得到适当的收益。国务院确定保护价的原则，省级政府制定保护价的具体水平，报国务院备案。各省级政府在确定保护价时，要主动做好毗邻地区的衔接，必要时，由国家发展计划委员会会同有关部门进行衔接和平衡。为保护消费者的利益，保持粮食销售价格相对稳定，政府制定主要粮食品种的销售限价，作为调控目标。销售限价的制定，要兼顾消费者和经营者的利益。国务院确定销售限价的原则，省级政府制定销售限价的具体水平。

定购粮收购价格，由省级政府按以下原则确定：当市场粮价高于保护价时，参照市场粮价确定；当市场粮价低于保护价时，按不低于保护价的原则确定。在一个时期内，定购粮收购价格原则上保持稳定。1998 年粮食定购价格由省级政府参照上年水平自行制定，并搞好毗邻地区的衔接。

粮价过度波动时，政府主要依靠储备粮吞吐和粮食进出口等经济手段，通过调节市场供求，促使市场粮价稳定在合理水平；当市场粮价下跌至接近或低

于保护价时，政府及时增加储备粮收购；当市场粮价涨至销售限价时，政府及时抛售储备粮，以稳定市场粮价。一般性自然灾害和局部地区粮价上涨，由省级政府动用省级储备粮进行调控；出现重大自然灾害或全国性粮价上涨时，国务院动用中央储备粮救灾和平抑粮价；中央储备粮的购销价格按照保持市场粮价稳定的原则，由国家发展计划委员会会同财政部、国家粮食储备局等部门确定。省级储备粮购销价格由省级政府确定。

四、积极培育粮食市场，促进粮食有序流通

加强粮食流通体系建设，积极培育县以上粮食交易市场，健全粮食市场信息网络，完善粮食市场交易规则，搞活粮食流通。充分发挥国有粮食企业收购粮食的主渠道作用，农村粮食收购主要由国有粮食企业承担，严禁私商和其他企业直接到农村收购粮食。国有农业企业、农垦企业可以收购本企业直属单位所生产的粮食。粮食加工企业和饲料、饲养、医药等用粮单位可以委托产地国有粮食企业收购原料用粮，但只限自用，不得倒卖。其他粮食经营企业和用粮单位须到县以上粮食交易市场购买。

加快建立和完善区域性和全国中心粮食交易市场。积极支持和引导粮食经营企业和用粮单位进入粮食市场交易。实行粮食批发准入制度，企业经营粮食批发业务必须有规定数量的自有经营资金和可靠的资信，有必要的经营设施，并承担相应的责任和义务，包括执行丰年最低库存量和歉年最高库存量的规定。各地工商行政管理部门要会同粮食部门加强对粮食交易市场的管理和批发准入资格的审查。对未经批准擅自从事粮食批发的，要严肃查处。

进一步放开搞活粮食销售市场，支持和引导多渠道经营，鼓励大中城市的超市、便民连锁店等开展粮食零售业务。粮食集贸市场常年开放。坚持全国粮食市场的统一性，任何地区和部门都不得以任何借口阻碍经县以上粮食市场交易和委托收购粮食的运销。

加强省际间粮食购销衔接工作，产销区要逐步建立长期稳定的购销关系，积极搞好省际间粮食余缺的调剂；按照建立社会主义市场经济体制的要求，充分利用国际市场调节国内粮食供求。除在国家批准的边境小额贸易配额范围

内，可由边境地区自行贸易以外，对外粮食贸易一律由国家指定的企业统一经营。

另外，决定还强调妥善解决粮食财务挂帐，改进资金管理办法。要统一认识，加强领导，保证粮食流通体制改革顺利进行。

6. 国务院关于进一步深化粮食流通体制改革的意见（国发〔2001〕28号）

——提出"放开粮食收购，粮食价格由市场供求形成"，并从主销区开始完全放开粮食购销

1998年以来，党中央、国务院确定的以"三项政策、一项改革"为主要内容的粮食流通体制改革，有效地保护了农民利益，调动了农民种粮积极性，促进了粮食生产和流通的发展，推动了农业和粮食生产结构的调整。经过3年多的改革，我国粮食流通体制发生了很大变化，粮食收购渠道逐步拓宽，销售市场完全放开，除收购市场在粮价过低时实行保护价收购外，粮食购销价格基本由市场调节，粮食产区和销区之间购销协作关系逐步发展和稳定，已经成为粮食市场的重要组成部分，中央储备粮垂直管理体系初步建立，国家宏观调控能力有所增强。但粮食流通中也存在一些需要通过深化改革进一步研究解决的问题，主要是一些地方没有完全做到按保护价敞开收购农民余粮，部分粮食品种顺价销售困难；粮食省长负责制没有完全落实，有些产区的粮食风险基金不能及时足额到位，国有粮食购销企业改革滞后；国家储备粮规模、结构和管理方式还不完全适应国家宏观调控的需要。

面对我国社会主义市场经济体制的初步建立，粮食生产和流通形势的变化，以及加入世界贸易组织后将给粮食产销带来的机遇与挑战，必须进一步深化粮食流通体制改革，继续完善有关政策措施。深化改革的总体目标是：在国家宏观调控下，充分发挥市场机制对粮食购销和价格形成的作用，完善粮食价格形成机制，稳定粮食生产能力，建立完善的国家粮食储备体系和粮食市场体系，逐步建立适应社会主义市场经济发展要求和我国国情的粮食流通体制。当前改革的重点是：为促进农业和粮食生产结构调整，充分发挥粮食产区和销区

的各自优势，粮食主销区要加快粮食购销市场化改革，放开粮食收购，粮食价格由市场供求形成；完善国家储备粮垂直管理体系，适当扩大中央储备粮规模，增强国家宏观调控能力；中央财政将粮食风险基金补贴完全包干给地方，真正建立起粮食生产和流通的省长负责制；粮食主产区要继续发展粮食生产，在继续实行"三项政策、一项改革"的前提下，赋予省级人民政府自主决策的权力，切实保护农民种粮积极性；加快国有粮食购销企业改革，切实做到自主经营、自负盈亏。

一、加快推进粮食主销区粮食购销市场化改革

当前我国农业和农村经济发展已进入新的阶段，市场取向的粮食流通体制改革在实施中不断调整和完善，为粮食主销区加快实现粮食购销市场化创造了必要条件。特别是东南沿海的浙江、上海、福建、广东、海南、江苏和北京、天津等地区的经济相对比较发达，农业和农村经济结构调整的潜力较大，粮食市场发育较好，粮食购销形势已发生很大变化，完全可以放开粮食收购，粮食价格由市场调节。这有利于粮食主产区和主销区充分发挥各自的区域比较优势，加快调整主销区种植业生产结构，为主产区粮食销售腾出市场空间；有利于建立粮食产区和销区自主衔接的经营机制，促进市场粮价合理回升，支持主产区粮食生产的稳定发展；有利于真正搞活粮食流通，促进农业增效和农民增收。

粮食主销区实现粮食购销市场化，是当前深化粮食流通体制改革的重大举措，必须不失时机地加快推进。为了积极有效地推进粮食购销市场化改革，粮食主销区在粮食生产和流通主要依靠市场调节的同时，也要按照粮食省长负责制的要求，保证粮食供应和粮食市场稳定。

二、完善国家粮食储备体系，增强粮食宏观调控能力

粮食是关系国计民生的重要商品，健全中央储备粮垂直管理体系，增强国家宏观调控能力，对我国经济发展和社会稳定具有重大的意义。意见强调，要进一步扩大中央储备粮规模，健全中央储备粮垂直管理体系，继续抓紧国家储

备粮库建设。

同时，意见特别强调要完善粮食风险基金包干办法，真正实行省长负责制。要因地制宜地调整农业和粮食生产结构，努力增加农民收入。

三、粮食主产区要坚持按保护价敞开收购农民余粮的政策

粮食主产区要继续实行"三项政策、一项改革"，切实保护广大农民利益。要适当调整保护价收购范围。从全国粮食供求趋势看，今后实行保护价收购的粮食品种，主要是长江中游地区的中、晚稻谷，东北地区的优等稻谷，黄淮海地区的小麦，东北地区和内蒙古东部的玉米。各有关省级人民政府可按照这个要求，自行确定实行保护价收购的品种、范围和办法，并注意做好毗邻省际间的价格衔接，同时报国务院有关部门备案。

粮食主产区要合理确定粮食收购保护价格，并实行优质优价政策。当市场粮价低于粮食生产成本时，为补偿粮食生产成本，并使农民得到适当收益，省级人民政府可制定收购保护价，国有粮食购销企业和经批准入市的其他企业要按保护价敞开收购农民的余粮；当市场粮价高于保护价时，要随行就市收购农民粮食。为了探索如何把国家财政补贴真正补给农民，可以在实行农村税费改革的地区，选择一两个县（市）进行将补贴直接补给农民的试点，并认真总结试点经验。2000 年因灾减产延缓一年执行新颁国家粮食质量标准的地区，从 2001 年秋粮上市起，执行国家新颁的粮食质量标准，有关地区要认真宣传、贯彻，确保入库粮食质量。

意见还强调，各有关部门要继续支持主产区按保护价敞开收购农民余粮。同时，粮食企业要实行粮食的顺价销售。调整粮食主产区粮食风险基金补贴包干基数以后，国有粮食购销企业经营费用得到合理补偿，有利于实现顺价销售，扭亏增盈。各有关省级人民政府要促进和引导国有粮食购销企业实行顺价销售。粮食主产和主销区以外的粮食产销大体平衡的省（区），可按照粮食省长负责制的要求，由省级人民政府根据本地实际情况自行确定粮食购销政策。

四、积极培育粮食市场体系，加强粮食市场管理

首先，积极培育粮食市场体系，搞活粮食流通。支持培育全国性和区域性

的粮食批发市场，引导大宗粮食贸易进场交易，鼓励用粮企业到粮食批发市场协商成交。加强粮食市场信息网络建设，提倡应用电子商务等多种交易形式，降低粮食流通成本。鼓励和支持国有粮食购销企业、龙头企业和农民联合经营，形成生产、加工、销售一体化利益共同体，参与粮食流通。大力支持国有粮食购销企业、粮食加工企业和粮食经销企业，在粮食播种前与农民按照《合同法》的有关规定签订合同，实行订单收购。鼓励符合一定条件的多种所有制经济主体，经县以上粮食行政管理部门审查粮食经营资格，工商行政管理部门核准登记后，按国家有关规定从事粮食收购。

其次，积极支持国有粮食购销企业开展省际间的粮食调运和销售，充分利用市场机制配置粮食资源。继续鼓励粮食产区和销区建立长期稳定的粮食购销关系。粮食产销区之间可以利用各自优势，开展代购、代销、代储或联合经营。中国农业发展银行要在坚持封闭运行的前提下，按照"钱随粮走"的原则及时提供贷款和跨省（自治区、直辖市）结算服务。销区大型龙头企业和用粮大户，凡具备合法粮食经营资格，可以跨地区直接到粮食产地收购或委托收购农民的余粮。铁路、交通等部门要积极支持粮食运销，保证粮食运输的运力需要。

另外，搞好粮食市场管理，维护正常的粮食流通秩序。在各级人民政府的统一领导下，工商行政管理部门要会同粮食等有关部门，规范交易规则，加强粮食市场监管，严厉查处无照经营、欺行霸市、哄抬物价、掺杂使假等违法违规行为。要积极支持粮食市场的发育和粮食产业化经营的发展，加强"订单农业"合同的监管，防止合同欺诈，保护粮食生产者和经营者的合法权益。粮食主销区跨县（市）的原粮和全国范围内的成品粮运输，不再实行运输凭证制度。毗邻地区要切实加强粮食市场管理的协调合作，维护粮食流通秩序。各级质量技术监督、卫生防疫部门要加强对粮食产品质量的检查监督。

7. 中共中央国务院关于促进农民增加收入若干政策的意见（2003 年 12 月 31 日）

——提出了"种粮直补、良种补贴、机械补贴"等影响深远的政策

在党的十六大精神指引下，2003 年各地区各部门按照中央的要求，加大

了解决"三农"问题的力度，抵御住了突如其来非典疫情的严重冲击，克服了多种自然灾害频繁发生的严重影响，实现了农业结构稳步调整，农村经济稳步发展，农村改革稳步推进，农民收入稳步增加，农村社会继续保持稳定。同时，应当清醒地看到，当前农业和农村发展中还存在着许多矛盾和问题，突出的是农民增收困难。全国农民人均纯收入连续多年增长缓慢，粮食主产区农民收入增长幅度低于全国平均水平，许多纯农户的收入持续徘徊甚至下降，城乡居民收入差距仍在不断扩大。当前和今后一个时期做好农民增收工作的总体要求是：牢固树立科学发展观，按照统筹城乡经济社会发展的要求，坚持"多予、少取、放活"的方针，调整农业结构，扩大农民就业，加快科技进步，深化农村改革，增加农业投入，强化对农业支持保护，力争实现农民收入较快增长，尽快扭转城乡居民收入差距不断扩大的趋势。

一、集中力量支持粮食主产区发展粮食产业，促进种粮农民增加收入

加强主产区粮食生产能力建设。从 2004 年起，国家将实施优质粮食产业工程，选择一部分有基础、有潜力的粮食大县和国有农场，集中力量建设一批国家优质专用粮食基地。要着力支持主产区特别是中部粮食产区重点建设旱涝保收、稳产高产基本农田。扩大沃土工程实施规模，不断提高耕地质量。加强大宗粮食作物良种繁育、病虫害防治工程建设，强化技术集成能力，优先支持主产区推广一批有重大影响的优良品种和先进适用技术。围绕农田基本建设，加快中小型水利设施建设，扩大农田有效灌溉面积，提高排涝和抗旱能力。提高农业机械化水平，对农民个人、农场职工、农机专业户和直接从事农业生产的农机服务组织购置和更新大型农机具给予一定补贴。

支持主产区进行粮食转化和加工。主产区要立足粮食优势促进农民增加收入、发展区域经济，并按照市场需求，把粮食产业做大做强。充分利用主产区丰富的饲料资源，积极发展农区畜牧业，通过小额贷款、贴息补助、提供保险服务等形式，支持农民和企业购买优良畜禽、繁育良种，通过发展养殖业带动粮食增值。按照国家产业政策要求，引导农产品加工业合理布局，扶持主产区发展以粮食为主要原料的农产品加工业，重点是发展精深加工。国家通过技改

贷款贴息、投资参股、税收政策等措施，支持主产区建立和改造一批大型农产品加工、种子营销和农业科技型企业。

增加对粮食主产区的投入。现有农业固定资产投资、农业综合开发资金、土地复垦基金等要相对集中使用，向主产区倾斜。继续增加农业综合开发资金，新增部分主要用于主产区。为切实支持粮食主产区振兴经济、促进农民增收，要开辟新的资金来源渠道。从 2004 年起，确定一定比例的国有土地出让金，用于支持农业土地开发，建设高标准基本农田，提高粮食综合生产能力。主销区和产销平衡区也要加强粮食生产能力建设。进一步密切产销区的关系。粮食销区的经营主体到产区建立粮食生产基地、仓储设施和加工企业，应享受国家对主产区的有关扶持政策。产区粮食企业到销区建立仓储、加工等设施，开拓粮食市场，销区政府应予以支持并实行必要的优惠政策。

二、继续推进农业结构调整，挖掘农业内部增收潜力

全面提高农产品质量安全水平。要在保护和提高粮食综合生产能力的前提下，按照高产、优质、高效、生态、安全的要求，走精细化、集约化、产业化的道路，向农业发展的广度和深度进军，不断开拓农业增效增收的空间。要加快实施优势农产品区域布局规划，充分发挥各地的比较优势，继续调整农业区域布局。2004 年要增加资金规模，在小麦、大豆等粮食优势产区扩大良种补贴范围。进一步加强农业标准化工作，深入开展农业标准化示范区建设。要进一步完善农产品的检验检测、安全监测及质量认证体系，推行农产品原产地标记制度，开展农业投入品强制性产品认证试点，扩大无公害食品、绿色食品、有机食品等优质农产品的生产和供应。加强动物防疫体系建设，实施重点区域动物疫病应急防治工程，鼓励乡村建立畜禽养殖小区，2004 年要启动兽医管理体制改革试点。加快实行法定检验和商业检验分开的制度，对法定检验要减少项目并给予财政补贴，对商业检验要控制收费标准并加强监管。

加快发展农业产业化经营。各级财政要安排支持农业产业化发展的专项资金，较大幅度地增加对龙头企业的投入。对符合条件的龙头企业的技改贷款，可给予财政贴息。对龙头企业为农户提供培训、营销服务，以及研发引进新品

种新技术、开展基地建设和污染治理等，可给予财政补助。创造条件，完善农产品加工的增值税政策。对新办的中小型农副产品加工企业，要加强创业扶持和服务。不管哪种所有制和经营形式的龙头企业，只要能带动农户，与农民建立起合理的利益联结机制，给农民带来实惠，都要在财政、税收、金融等方面一视同仁地给予支持。

加强农业科研和技术推广。要围绕增强我国农业科技的创新能力、储备能力和转化能力，改革农业科技体制，较大幅度地增加预算内农业科研投入。继续安排引进国外先进农业科技成果的资金。增加农业科技成果转化资金。支持已有科研成果的中试和大面积示范推广。引导和推动企业成为农业技术创新主体，允许各类农业企业和民营农业科技组织申请使用国家有关农业科技的研发、引进和推广等资金。深化农业科技推广体制改革，加快形成国家推广机构和其他所有制推广组织共同发展、优势互补的农业技术推广体系。积极发挥农业科技示范场、科技园区、龙头企业和农民专业合作组织在农业科技推广中的作用。建立与农业产业带相适应的跨区域、专业性的新型农业科技推广服务组织。支持农业大中专院校参与农业技术的研究、推广。

三、发展农村二、三产业，拓宽农民增收渠道

推进乡镇企业改革和调整。发展乡镇企业是充分利用农村各种资源和生产要素，全面发展农村经济、拓展农村内部就业空间的重要途径。要适应市场需求变化、产业结构升级和增长方式转变的要求，调整乡镇企业发展战略和发展模式，加快技术进步，加快体制和机制创新，重点发展农产品加工业、服务业和劳动密集型企业。加大对规模以上乡镇企业技术改造的支持力度，促进产品更新换代和产业优化升级。引导农村集体企业改制成股份制和股份合作制等混合所有制企业，鼓励有条件的乡镇企业建立现代企业制度。农村中小企业对增加农民就业作用明显，只要符合安全生产标准和环境保护要求，有利于资源的合理利用，都应当允许其存在和发展。有关部门要根据乡镇企业发展的新形势新情况，加强调查研究，尽快制定促进乡镇企业改革和发展的指导性意见。

大力发展农村个体私营等非公有制经济。法律法规未禁入的基础设施、公

用事业及其他行业和领域,农村个体工商户和私营企业都可以进入。要在税收、投融资、资源使用、人才政策等方面,对农村个体工商户和私营企业给予支持。对合法经营的农村流动性小商小贩,除国家另有规定外,免于工商登记和收取有关税费。

繁荣小城镇经济。小城镇建设要同壮大县域经济、发展乡镇企业、推进农业产业化经营、移民搬迁结合起来,引导更多的农民进入小城镇,逐步形成产业发展、人口聚集、市场扩大的良性互动机制,增强小城镇吸纳农村人口、带动农村发展的能力。国家固定资产投资要继续支持小城镇建设,引导金融机构按市场经济规律支持小城镇发展。重点渔区渔港、林区和垦区场部建设要与小城镇发展结合起来。有条件的地方,要加快推进村庄建设与环境整治。

改善农民进城就业环境,增加外出务工收入。同时,加强对农村劳动力的职业技能培训。要根据市场和企业的需求,按照不同行业、不同工种对从业人员基本技能的要求,安排培训内容,实行定向培训,提高培训的针对性和适用性。

四、发挥市场机制作用,搞活农产品流通

培育农产品营销主体。鼓励发展各类农产品专业合作组织、购销大户和农民经纪人。积极推进有关农民专业合作组织的立法工作。从 2004 年起,中央和地方要安排专门资金,支持农民专业合作组织开展信息、技术、培训、质量标准与认证、市场营销等服务。有关金融机构支持农民专业合作组织建设标准化生产基地、兴办仓储设施和加工企业、购置农产品运销设备,财政可适当给予贴息。深化供销社改革,发挥其带动农民进入市场的作用。加快发展农产品连锁、超市、配送经营,鼓励有条件的地方将城市农贸市场改建成超市,支持农业龙头企业到城市开办农产品超市,逐步把网络延伸到城市社区。进一步加强产地和销地批发市场建设,创造条件发展现代物流业。加强农业生产资料市场管理,有关部门要保证货源充足、价格基本稳定,严厉打击制售假冒伪劣农资等坑农伤农行为。支持鲜活农产品运销,在全国建立高效率的绿色通道,各地要从实际出发进一步改善农产品的流通环境。

扩大优势农产品出口。要进一步完善促进我国优势农产品出口的政策措施。外贸发展基金要向促进农产品出口倾斜，主要用于支持企业研发新产品新技术、开拓国际市场、参与国际认证等，扶持出口生产基地。鼓励和引导农产品出口加工企业进入出口加工贸易区。抓紧启动园艺产品非疫区建设。完善农产品出口政策性信用保险制度。有关部门要密切跟踪监测和及时通报国内外市场供需、政策法规和疫病疫情、检验检疫标准等动态，为农产品出口企业提供信息服务。加强对外谈判交涉，签订我国与重点市场国家和地区的双边检验检疫和优惠贸易协定，为我国农产品出口创造有利环境。适应农产品国际贸易的新形势，加快建立健全禽肉、蔬菜、水果等重点出口农产品的行业和商品协会。

意见还特别强调，要加强农村基础设施建设，为农民增收创造条件；深化农村改革，为农民增收减负提供体制保障。要加快土地征用制度改革，积极探索集体非农建设用地进入市场的途径和办法；深化粮食流通体制改革。从2004 年开始，国家将全面放开粮食收购和销售市场，实行购销多渠道经营。有关部门要抓紧清理和修改不利于粮食自由流通的政策法规。加快国有粮食购销企业改革步伐，转变企业经营机制，完善粮食现货和期货市场，严禁地区封锁，搞好产销区协作，优化储备布局，加强粮食市场管理和宏观调控。当前，粮食主产区要注意发挥国有及国有控股粮食购销企业的主渠道作用。为保护种粮农民利益，要建立对农民的直接补贴制度。2004 年，国家从粮食风险基金中拿出部分资金，用于主产区种粮农民的直接补贴。其他地区也要对本省（区、市）粮食主产县（市）的种粮农民实行直接补贴。要本着调动农民种粮积极性的原则，制定便于操作和监督的实施办法，确保补贴资金真正落实到农民手中。

意见还从继续推进农村税费改革，改革和创新农村金融体制，继续做好扶贫开发工作，解决农村贫困人口和受灾群众的生产生活困难等方面进行了详细布局，强调要加强党对促进农民增收工作的领导，确保各项增收政策落到实处。

8. 国务院关于进一步深化粮食流通体制改革的意见（国发〔2004〕17号）

——提出"全面放开粮食收购市场，提出粮食直补等多项补贴政策"

按照党的十六届三中全会精神，国务院决定，2004年全面放开粮食收购市场，积极稳妥推进粮食流通体制改革。改革的总体目标是：在国家宏观调控下，充分发挥市场机制在配置粮食资源中的基础性作用，实现粮食购销市场化和市场主体多元化；建立对种粮农民直接补贴的机制，保护粮食主产区和种粮农民的利益，加强粮食综合生产能力建设；深化国有粮食购销企业改革，切实转换经营机制，发挥国有粮食购销企业的主渠道作用；加强粮食市场管理，维护粮食正常流通秩序；加强粮食工作省长负责制，建立健全适应社会主义市场经济发展要求和符合我国国情的粮食流通体制，确保国家粮食安全。

深化粮食流通体制改革的基本思路是：放开购销市场，直接补贴粮农，转换企业机制，维护市场秩序，加强宏观调控。

一、放开粮食收购和价格，健全粮食市场体系

积极稳妥地放开粮食主产区的粮食收购市场和粮食收购价格，继续发挥国有粮食购销企业主渠道作用，发展和规范多种市场主体从事粮食收购和经营活动。同时，要转换粮食价格形成机制。一般情况下，粮食收购价格由市场供求形成，国家在充分发挥市场机制的基础上实行宏观调控。要充分发挥价格的导向作用，当粮食供求发生重大变化时，为保证市场供应、保护农民利益，必要时可由国务院决定对短缺的重点粮食品种，在粮食主产区实行最低收购价格。另外，改革中要逐步建立统一、开放、竞争、有序的粮食市场体系。继续办好农村集市贸易。加强粮食批发市场建设，提升市场服务功能，引导企业入市交易。稳步发展粮食期货市场，规范粮食期货交易行为。取消粮食运输凭证制度和粮食准运证制度，严禁各种形式的粮食区域性封锁，形成公平竞争、规范有序、全国统一的粮食市场。

二、建立直接补贴机制，保护种粮农民利益

结合农村税费改革，2004 年起，全面实行对种粮农民的直接补贴。粮食主产省、自治区实行直接补贴的粮食数量，原则上不低于前三年平均商品量的70%。其他省、自治区、直辖市也要比照粮食主产省、自治区的做法，对粮食主产县（市）的种粮农民实行直接补贴。要尽快建立和完善对种粮农民直接补贴的机制。粮食风险基金优先用于对种粮农民的直接补贴。要按照公开、公平、公正的原则，认真做好直接补贴的组织和落实工作，保证种粮农民得到实惠。

三、转换企业经营机制，加快推进国有粮食购销企业改革

国有粮食购销企业改革的总体要求是：实行政企分开，推进兼并重组，消化历史包袱，分流富余人员，建立健全法人治理结构，使企业真正成为自主经营、自负盈亏的市场主体，提高市场竞争能力，更好地发挥主渠道作用。

要加快国有粮食购销企业产权制度改革，因地制宜实行企业重组和组织结构创新。改革国有粮食购销企业内部人事、劳动和分配制度。对企业职工全面实行劳动合同制，企业与职工通过平等协商签订劳动合同，确定劳动关系。地方各级人民政府要将国有粮食企业职工和分流人员统一纳入当地社会保障体系和再就业规划，保护职工合法权益，维护社会稳定。积极扶持国有粮食企业下岗失业人员自谋职业和自主创业。对现有库存中以往按保护价（含定购价）收购的粮食，实行"新老划断、分步销售"。对库存的陈化粮食，经国务院批准后按计划统一组织定向销售，严禁倒卖和流入口粮市场。陈化粮价差亏损仍按现行办法解决。

四、改革粮食收购资金供应办法，完善信贷资金管理措施

农业发展银行要保证国家粮食储备和政府调控粮食的信贷资金需要。对中央储备粮和省级储备粮所需资金，要按计划保证供应。对地方政府为调控当地粮食市场供求所需资金，在落实有关费用、利息及价差补贴的前提下，要及

时、足额提供贷款。各商业银行也要积极支持粮食生产和经营，对符合贷款条件的各类粮食企业和经营者，应给予贷款支持。

五、加强粮食市场管理，维护粮食正常流通秩序

继续发挥国有粮食购销企业的主渠道作用，增强政府对粮食市场的调控能力。严格市场准入制度，既要坚持多渠道经营，又要严格资质标准。加强对非国有粮食购销企业的服务和监管。地方各级人民政府要依法保障非国有粮食企业的权益，充分发挥其搞活流通、保证市场供应的积极作用，同时也要依法严格规范其经营活动，引导他们合法经营，维护市场正常流通秩序。强化粮食批发、零售市场的管理。加大对粮食市场的监管和调控力度。

六、加强和改善粮食宏观调控，确保国家粮食安全

要严格执行《中华人民共和国土地管理法》和《基本农田保护条例》，实行最严格的耕地保护制度；不得擅自将耕地改为非农业用地，严禁违法违规占用、毁坏农田。按照中央和省级政府粮食事权划分，健全和完善中央和省级粮食储备制度和调控机制；继续完善中央储备粮垂直管理体系，健全中央储备粮的调控功能，做到严格制度、严格管理、严格责任，按粮食储藏年限和库存粮食品质状况实行定期轮换，确保库存粮食数量真实、质量良好。各省级人民政府必须按照"产区保持3个月销量、销区保持6个月销量"的要求，建立地方粮食储备，没有达到国家规定规模的，要逐步充实和补充。中央和地方储备粮的收购、销售、轮换原则上通过规范的批发市场公开交易。

按照立足国内、进出口适当调剂的原则，灵活运用国际市场调剂国内粮食品种和余缺。同时，建立中长期粮食供求总量平衡机制和市场监测预警机制。加快有关法律、法规建设，逐步实现依法管粮。严格执行《中央储备粮管理条例》，完善有关配套规章，认真贯彻《粮食流通管理条例》，依法规范粮食市场。加强组织领导，确保粮食流通体制改革稳步实施。

9. 中共中央国务院关于构建更加完善的要素市场化配置体制机制的意见（2020 年 3 月 30 日）（全文）

——提出了，新时代要素市场改革的新要求

完善要素市场化配置是建设统一开放、竞争有序市场体系的内在要求，是坚持和完善社会主义基本经济制度、加快完善社会主义市场经济体制的重要内容。为深化要素市场化配置改革，促进要素自主有序流动，提高要素配置效率，进一步激发全社会创造力和市场活力，推动经济发展质量变革、效率变革、动力变革，现就构建更加完善的要素市场化配置体制机制提出如下意见。

一、总体要求

指导思想。以习近平新时代中国特色社会主义思想为指导，全面贯彻党的十九大和十九届二中、三中、四中全会精神，坚持稳中求进工作总基调，坚持以供给侧结构性改革为主线，坚持新发展理念，坚持深化市场化改革、扩大高水平开放，破除阻碍要素自由流动的体制机制障碍，扩大要素市场化配置范围，健全要素市场体系，推进要素市场制度建设，实现要素价格市场决定、流动自主有序、配置高效公平，为建设高标准市场体系、推动高质量发展、建设现代化经济体系打下坚实制度基础。

基本原则。一是市场决定，有序流动。充分发挥市场配置资源的决定性作用，畅通要素流动渠道，保障不同市场主体平等获取生产要素，推动要素配置依据市场规则、市场价格、市场竞争实现效益最大化和效率最优化。二是健全制度，创新监管。更好发挥政府作用，健全要素市场运行机制，完善政府调节与监管，做到放活与管好有机结合，提升监管和服务能力，引导各类要素协同向先进生产力集聚。三是问题导向，分类施策。针对市场决定要素配置范围有限、要素流动存在体制机制障碍等问题，根据不同要素属性、市场化程度差异和经济社会发展需要，分类完善要素市场化配置体制机制。四是稳中求进，循序渐进。坚持安全可控，从实际出发，尊重客观规律，培育发展新型要素形态，逐步提高要素质量，因地制宜稳步推进要素市场化配置改革。

二、推进土地要素市场化配置

建立健全城乡统一的建设用地市场。加快修改完善土地管理法实施条例，完善相关配套制度，制定出台农村集体经营性建设用地入市指导意见。全面推开农村土地征收制度改革，扩大国有土地有偿使用范围。建立公平合理的集体经营性建设用地入市增值收益分配制度。建立公共利益征地的相关制度规定。

深化产业用地市场化配置改革。健全长期租赁、先租后让、弹性年期供应、作价出资（入股）等工业用地市场供应体系。在符合国土空间规划和用途管制要求前提下，调整完善产业用地政策，创新使用方式，推动不同产业用地类型合理转换，探索增加混合产业用地供给。

鼓励盘活存量建设用地。充分运用市场机制盘活存量土地和低效用地，研究完善促进盘活存量建设用地的税费制度。以多种方式推进国有企业存量用地盘活利用。深化农村宅基地制度改革试点，深入推进建设用地整理，完善城乡建设用地增减挂钩政策，为乡村振兴和城乡融合发展提供土地要素保障。

完善土地管理体制。完善土地利用计划管理，实施年度建设用地总量调控制度，增强土地管理灵活性，推动土地计划指标更加合理化，城乡建设用地指标使用应更多由省级政府负责。在国土空间规划编制、农村房地一体不动产登记基本完成的前提下，建立健全城乡建设用地供应三年滚动计划。探索建立全国性的建设用地、补充耕地指标跨区域交易机制。加强土地供应利用统计监测。实施城乡土地统一调查、统一规划、统一整治、统一登记。推动制定不动产登记法。

三、引导劳动力要素合理畅通有序流动

深化户籍制度改革。推动超大、特大城市调整完善积分落户政策，探索推动在长三角、珠三角等城市群率先实现户籍准入年限同城化累计互认。放开放宽除个别超大城市外的城市落户限制，试行以经常居住地登记户口制度。建立城镇教育、就业创业、医疗卫生等基本公共服务与常住人口挂钩机制，推动公共资源按常住人口规模配置。

畅通劳动力和人才社会性流动渠道。健全统一规范的人力资源市场体系，加快建立协调衔接的劳动力、人才流动政策体系和交流合作机制。营造公平就业环境，依法纠正身份、性别等就业歧视现象，保障城乡劳动者享有平等就业权利。进一步畅通企业、社会组织人员进入党政机关、国有企事业单位渠道。优化国有企事业单位面向社会选人用人机制，深入推行国有企业分级分类公开招聘。加强就业援助，实施优先扶持和重点帮助。完善人事档案管理服务，加快提升人事档案信息化水平。

完善技术技能评价制度。创新评价标准，以职业能力为核心制定职业标准，进一步打破户籍、地域、身份、档案、人事关系等制约，畅通非公有制经济组织、社会组织、自由职业专业技术人员职称申报渠道。加快建立劳动者终身职业技能培训制度。推进社会化职称评审。完善技术工人评价选拔制度。探索实现职业技能等级证书和学历证书互通衔接。加强公共卫生队伍建设，健全执业人员培养、准入、使用、待遇保障、考核评价和激励机制。

加大人才引进力度。畅通海外科学家来华工作通道。在职业资格认定认可、子女教育、商业医疗保险以及在中国境内停留、居留等方面，为外籍高层次人才来华创新创业提供便利。

四、推进资本要素市场化配置

完善股票市场基础制度。制定出台完善股票市场基础制度的意见。坚持市场化、法治化改革方向，改革完善股票市场发行、交易、退市等制度。鼓励和引导上市公司现金分红。完善投资者保护制度，推动完善具有中国特色的证券民事诉讼制度。完善主板、科创板、中小企业板、创业板和全国中小企业股份转让系统（新三板）市场建设。

加快发展债券市场。稳步扩大债券市场规模，丰富债券市场品种，推进债券市场互联互通。统一公司信用类债券信息披露标准，完善债券违约处置机制。探索对公司信用类债券实行发行注册管理制。加强债券市场评级机构统一准入管理，规范信用评级行业发展。

增加有效金融服务供给。健全多层次资本市场体系。构建多层次、广覆盖、有差异、大中小合理分工的银行机构体系，优化金融资源配置，放宽金融服务业市场准入，推动信用信息深度开发利用，增加服务小微企业和民营企业的金融服务供给。建立县域银行业金融机构服务"三农"的激励约束机制。推进绿色金融创新。完善金融机构市场化法治化退出机制。

主动有序扩大金融业对外开放。稳步推进人民币国际化和人民币资本项目可兑换。逐步推进证券、基金行业对内对外双向开放，有序推进期货市场对外开放。逐步放宽外资金融机构准入条件，推进境内金融机构参与国际金融市场交易。

五、加快发展技术要素市场

健全职务科技成果产权制度。深化科技成果使用权、处置权和收益权改革，开展赋予科研人员职务科技成果所有权或长期使用权试点。强化知识产权保护和运用，支持重大技术装备、重点新材料等领域的自主知识产权市场化运营。

完善科技创新资源配置方式。改革科研项目立项和组织实施方式，坚持目标引领，强化成果导向，建立健全多元化支持机制。完善专业机构管理项目机制。加强科技成果转化中试基地建设。支持有条件的企业承担国家重大科技项目。建立市场化社会化的科研成果评价制度，修订技术合同认定规则及科技成果登记管理办法。建立健全科技成果常态化路演和科技创新咨询制度。

培育发展技术转移机构和技术经理人。加强国家技术转移区域中心建设。支持科技企业与高校、科研机构合作建立技术研发中心、产业研究院、中试基地等新型研发机构。积极推进科研院所分类改革，加快推进应用技术类科研院所市场化、企业化发展。支持高校、科研机构和科技企业设立技术转移部门。建立国家技术转移人才培养体系，提高技术转移专业服务能力。

促进技术要素与资本要素融合发展。积极探索通过天使投资、创业投资、知识产权证券化、科技保险等方式推动科技成果资本化。鼓励商业银行采用知识产权质押、预期收益质押等融资方式，为促进技术转移转化提供更多金融产品服务。

支持国际科技创新合作。深化基础研究国际合作，组织实施国际科技创新合作重点专项，探索国际科技创新合作新模式，扩大科技领域对外开放。加大抗病毒药物及疫苗研发国际合作力度。开展创新要素跨境便利流动试点，发展离岸创新创业，探索推动外籍科学家领衔承担政府支持科技项目。发展技术贸易，促进技术进口来源多元化，扩大技术出口。

六、加快培育数据要素市场

推进政府数据开放共享。优化经济治理基础数据库，加快推动各地区各部门间数据共享交换，制定出台新一批数据共享责任清单。研究建立促进企业登记、交通运输、气象等公共数据开放和数据资源有效流动的制度规范。

提升社会数据资源价值。培育数字经济新产业、新业态和新模式，支持构建农业、工业、交通、教育、安防、城市管理、公共资源交易等领域规范化数据开发利用的场景。发挥行业协会商会作用，推动人工智能、可穿戴设备、车联网、物联网等领域数据采集标准化。

加强数据资源整合和安全保护。探索建立统一规范的数据管理制度，提高数据质量和规范性，丰富数据产品。研究根据数据性质完善产权性质。制定数据隐私保护制度和安全审查制度。推动完善适用于大数据环境下的数据分类分级安全保护制度，加强对政务数据、企业商业秘密和个人数据的保护。

七、加快要素价格市场化改革

完善主要由市场决定要素价格机制。完善城乡基准地价、标定地价的制定与发布制度，逐步形成与市场价格挂钩动态调整机制。健全最低工资标准调整、工资集体协商和企业薪酬调查制度。深化国有企业工资决定机制改革，完善事业单位岗位绩效工资制度。建立公务员和企业相当人员工资水平调查比较制度，落实并完善工资正常调整机制。稳妥推进存贷款基准利率与市场利率并轨，提高债券市场定价效率，健全反映市场供求关系的国债收益率曲线，更好发挥国债收益率曲线定价基准作用。增强人民币汇率弹性，保持人民币汇率在合理均衡水平上的基本稳定。

加强要素价格管理和监督。引导市场主体依法合理行使要素定价自主权，推动政府定价机制由制定具体价格水平向制定定价规则转变。构建要素价格公示和动态监测预警体系，逐步建立要素价格调查和信息发布制度。完善要素市场价格异常波动调节机制。加强要素领域价格反垄断工作，维护要素市场价格秩序。

健全生产要素由市场评价贡献、按贡献决定报酬的机制。着重保护劳动所得，增加劳动者特别是一线劳动者劳动报酬，提高劳动报酬在初次分配中的比重。全面贯彻落实以增加知识价值为导向的收入分配政策，充分尊重科研、技术、管理人才，充分体现技术、知识、管理、数据等要素的价值。

八、健全要素市场运行机制

健全要素市场化交易平台。拓展公共资源交易平台功能。健全科技成果交易平台，完善技术成果转化公开交易与监管体系。引导培育大数据交易市场，依法合规开展数据交易。支持各类所有制企业参与要素交易平台建设，规范要素交易平台治理，健全要素交易信息披露制度。

完善要素交易规则和服务。研究制定土地、技术市场交易管理制度。建立健全数据产权交易和行业自律机制。推进全流程电子化交易。推进实物资产证券化。鼓励要素交易平台与各类金融机构、中介机构合作，形成涵盖产权界定、价格评估、流转交易、担保、保险等业务的综合服务体系。

提升要素交易监管水平。打破地方保护，加强反垄断和反不正当竞争执法，规范交易行为，健全投诉举报查处机制，防止发生损害国家安全及公共利益的行为。加强信用体系建设，完善失信行为认定、失信联合惩戒、信用修复等机制。健全交易风险防范处置机制。

增强要素应急配置能力。把要素的应急管理和配置作为国家应急管理体系建设的重要内容，适应应急物资生产调配和应急管理需要，建立对相关生产要素的紧急调拨、采购等制度，提高应急状态下的要素高效协同配置能力。鼓励运用大数据、人工智能、云计算等数字技术，在应急管理、疫情防控、资源调配、社会管理等方面更好发挥作用。

九、组织保障

加强组织领导。各地区各部门要充分认识完善要素市场化配置的重要性，切实把思想和行动统一到党中央、国务院决策部署上来，明确职责分工，完善工作机制，落实工作责任，研究制定出台配套政策措施，确保本意见确定的各项重点任务落到实处。

营造良好改革环境。深化"放管服"改革，强化竞争政策基础地位，打破行政性垄断、防止市场垄断，清理废除妨碍统一市场和公平竞争的各种规定和做法，进一步减少政府对要素的直接配置。深化国有企业和国有金融机构改革，完善法人治理结构，确保各类所有制企业平等获取要素。

推动改革稳步实施。在维护全国统一大市场的前提下，开展要素市场化配置改革试点示范。及时总结经验，认真研究改革中出现的新情况新问题，对不符合要素市场化配置改革的相关法律法规，要按程序抓紧推动调整完善。

附录 3

中国历年有关"三农"的一号文件
(1982～1986 年，2004～2020 年)

中共中央在 1982～1986 年连续五年发布以农业、农村和农民为主题的中央一号文件，对农村改革和农业发展做出具体部署。时隔 18 年，从 2004 年开始中央一号文件再次回归农业，截止到 2020 年，是第 17 个一号文件。

序号	时间	关键词		简要说明
		手段	目标	
1	1982 年 1 月 1 日	生产责任制	生产	中共中央发出第一个关于"三农"问题的一号文件，对迅速推开的农村改革进行了总结。文件明确指出包产到户、包干到户或大包干"都是社会主义生产责任制"，同时还说明它"不同于合作化以前的小私有的个体经济，而是社会主义农业经济的组成部分"
2	1983 年 1 月	农村经济政策	家庭联产承包责任制	《当前农村经济政策的若干问题》。从理论上说明了家庭联产承包责任制"是在党的领导下中国农民的伟大创造，是马克思主义农业合作化理论在我国实践中的新发展"
3	1984 年 1 月 1 日	农村工作	联产承包责任制	《关于一九八四年农村工作的通知》，强调要继续稳定和完善联产承包责任制，规定土地承包期一般应在 15 年以上，生产周期长的和开发性的项目，承包期应当更长一些
4	1985 年 1 月	取消统购统销十项政策	活跃农村经济	《关于进一步活跃农村经济的十项政策》，即第 4 个一号文件。取消了 30 年来农副产品统购派购的制度，对粮、棉等少数重要产品采取国家计划合同收购的新政策

续表

序号	时间	关键词		简要说明
		手段	目标	
5	1986年1月1日	工作部署	坚定改革方向	《关于一九八六年农村工作的部署》，即第5个一号文件。文件肯定了农村改革的方针政策是正确的，必须继续贯彻执行
6	2004年1月	各项补贴等政策	农民增收	《中共中央国务院关于促进农民增加收入若干政策的意见》，共9条，包括：集中力量支持粮食主产区发展粮食产业，促进种粮农民增加收入；继续推进农业结构调整，挖掘农业内部增收潜力；发展农村二、三产业，拓宽农民增收渠道；改善农民进城就业环境，增加外出务工收入；发挥市场机制作用，搞活农产品流通；加强农村基础设施建设，为农民增收创造条件；深化农村改革，为农民增收减负提供体制保障；继续做好扶贫开发工作，解决农村贫困人口和受灾群众的生产生活困难；加强党对促进农民增收工作的领导，确保各项增收政策落到实处
7	2005年1月30日	加强农村工作	农业综合生产能力	《中共中央国务院关于进一步加强农村工作提高农业综合生产能力若干政策的意见》，共9部分，包括：坚持"多予少取放活"的方针，稳定、完善和强化各项支农政策。要把加强农业基础设施建设，加快农业科技中央财政"三农"支出，提高农业综合生产能力，作为一项重大而紧迫的战略任务，切实抓紧抓好
8	2006年2月	新农村建设	城乡一体化	《中共中央国务院关于推进社会主义新农村建设的若干意见》。中共十六届五中全会提出的社会主义新农村建设的重大历史任务将迈出有力的一步。共8部分，包括：统筹城乡经济社会发展，扎实推进社会主义新农村建设；推进现代农业建设，强化社会主义新农村建设的产业支撑；促进农民持续增收，夯实社会主义新农村建设的经济基础；加强农村基础设施建设，改善社会主义新农村建设的物质条件；加快发展农村社会事业，培养推进社会主义新农村建设的新型农民；全面深化农村改革，健全社会主义新农村建设的体制保障；加强农村民主政治建设，完善建设社会主义新农村的乡村治理机制；切实加强领导，动员全党全社会关心、支持和参与社会主义新农村建设
9	2007年1月29日	现代农业	新农村建设	《中共中央国务院关于积极发展现代农业扎实推进社会主义新农村建设的若干意见》，包括：提出发展现代农业是社会主义新农村建设的首要任务，要用现代物质条件装备农业，用现代科学技术改造农业，用现代产业体系提升农业，用现代经营形式推进农业，用现代发展理念引领农业，用培养新型农民发展农业，提高农业水利化、机械化和信息化水平，提高土地产出率、资源利用率和农业劳动生产率，提高农业素质、效益和竞争力

序号	时间	关键词		简要说明
		手段	目标	
10	2008 年 1 月 30 日	农业基础建设	农业发展、农民增收	《中共中央国务院关于切实加强农业基础建设，进一步促进农业发展农民增收的若干意见》，共 8 部分，包括：强调加快构建强化农业基础的长效机制；切实保障主要农产品基本供给；突出抓好农业基础设施建设；着力强化农业科技和服务体系基本支撑；逐步提高农村基本公共服务水平；稳定完善农村基本经营制度和深化农村改革；扎实推进农村基层组织建设；加强和改善党对"三农"工作的领导
11	2009 年 2 月 1 日	多种措施	农业发展、农民增收	《中共中央国务院关于 2009 年促进农业稳定发展农民持续增收的若干意见》，共五部分，包括：加大对农业的支持保护力度；稳定发展农业生产；强化现代农业物质支撑和服务体系；稳定完善农村基本经营制度；推进城乡经济社会发展一体化
12	2010 年 1 月 31 日	统筹城乡发展	夯实农业农村发展基础	《中共中央国务院关于加大统筹城乡发展力度进一步夯实农业农村发展基础的若干意见》，共 6 部分，包括：提出对"三农"投入首次强调"总量持续增加、比例稳步提高"，要求不仅确保资金投入总量，更确定比例稳步提高；扩大马铃薯良种补贴范围，新增青稞良种补贴，实施花生良种补贴试点，把林、牧业和抗旱、节水机械设备首次纳入补贴范围；首次提出 3 年内消除基础金融服务空白乡镇；拓展农业发展银行支农领域，政策性资金将有更大"三农"舞台；大幅提高家电下乡产品的最高限价，允许各地根据实际增选一品种纳入补贴范围，补贴对象扩大到国有农林场职工；增加产粮大县奖励补助资金，提高产粮大县人均财力水平
13	2011 年 1 月 29 日	水利改革发展	生产	《中共中央国务院关于加快水利改革发展的决定》，新中国成立 62 年来中央文件首次对水利工作进行全面部署，文件明确了新形势下水利的战略地位，提出了水利改革发展的指导思想、目标任务和基本原则。全文共 6 部分，包括：突出加强农田水利等薄弱环节建设；全面加快水利基础设施建设；建立水利投入稳定增长机制；实行最严格的水资源管理制度；不断创新水利发展体制机制；切实加强对水利工作的领导等
14	2012 年 2 月 1 日	科技创新	农产品供给保障能力	《关于加快推进农业科技创新持续增强农产品供给保障能力的若干意见》，强调部署农业科技创新，把推进农业科技创新作为"三农"工作的重点。共 6 部分，包括：加大投入强度和工作力度，持续推动农业稳定发展；依靠科技创新驱动，引领支撑现代农业建设；提升农业技术推广能力，大力发展农业社会化服务；加强教育科技培训，全面造就新型农业农村人才队伍；改善设施装备条件，不断夯实农业发展物质基础；提高市场流通效率，切实保障农产品稳定均衡供给

序号	时间	关键词		简要说明
		手段	目标	
15	2013 年 1 月 31 日	现代农业	农村活力	《中共中央、国务院关于加快发展现代农业，进一步增强农村发展活力的若干意见》，共 7 部分，包括：建立重要农产品供给保障机制，努力夯实现代农业物质基础；健全农业支持保护制度，不断加大强农惠农富农政策力度；创新农业生产经营体制，稳步提高农民组织化程度；构建农业社会化服务新机制，大力培育发展多元服务主体；改革农村集体产权制度，有效保障农民财产权利；改进农村公共服务机制，积极推进城乡公共资源均衡配置；完善乡村治理机制，切实加强以党组织为核心的农村基层组织建设
16	2014 年 1 月 19 日	深化农村改革	农业现代化	《关于全面深化农村改革加快推进农业现代化的若干意见》，共 8 部分，包括：完善国家粮食安全保障体系；强化农业支持保护制度；建立农业可持续发展长效机制；深化农村土地制度改革；构建新型农业经营体系；加快农村金融制度创新；健全城乡发展一体化体制机制；改善乡村治理机制
17	2015 年 2 月 2 日	改革创新力度	农业现代化	《关于加大改革创新力度加快农业现代化建设的若干意见》，共 5 部分，包括：围绕建设现代农业，加快转变农业发展方式；围绕促进农民增收，加大惠农政策力度；围绕城乡发展一体化，深入推进新农村建设；围绕增添农村发展活力，全面深化农村改革；围绕做好"三农"工作，加强农村法治建设
18	2016 年 1 月 27 日	农业现代化	实现小康目标	《关于落实发展新理念加快农业现代化实现全面小康目标的若干意见》，共 6 部分，包括：持续夯实现代农业基础，提高农业质量效益和竞争力；加强资源保护和生态修复，推动农业绿色发展；推进农村产业融合，促进农民收入持续较快增长；推动城乡协调发展，提高新农村建设水平；深入推进农村改革，增强农村发展内生动力；加强和改善党对"三农"工作指导
19	2017 年 2 月 5 日	农业供给侧改革	农村发展新动能	《中共中央、国务院关于深入推进农业供给侧结构性改革，加快培育农业农村发展新动能的若干意见》，共 6 部分，包括：优化产品产业结构，着力推进农业提质增效；推行绿色生产方式，增强农业可持续发展能力；壮大新产业新业态，拓展农业产业链价值链；强化科技创新驱动，引领现代农业加快发展；补齐农业农村短板，夯实农村共享发展基础；加大农村改革力度，激活农业农村内生发展动力

序号	时间	关键词		简要说明
		手段	目标	
20	2018 年 2 月 4 日	乡村振兴战略	城乡一体化	《中共中央、国务院关于实施乡村振兴战略的意见》，共 9 部分，包括：提升农业发展质量，培育乡村发展新动能；推进乡村绿色发展，打造人与自然和谐共生发展新格局；繁荣兴盛农村文化，焕发乡风文明新气象；加强农村基层基础工作，构建乡村治理新体系；提高农村民生保障水平，塑造美丽乡村新风貌；打好精准脱贫攻坚战，增强贫困群众获得感；推进体制机制创新，强化乡村振兴制度性供给；汇聚全社会力量，强化乡村振兴人才支撑；开拓投融资渠道，强化乡村振兴投入保障等内容
21	2019 年 2 月 19 日	做好"三农"工作	农业农村优先发展	《中共中央、国务院关于坚持农业农村优先发展做好"三农"工作的若干意见》。共 8 部分，包括：聚力精准施策，决战决胜脱贫攻坚；夯实农业基础，保障重要农产品有效供给；扎实推进乡村建设，加快补齐农村人居环境和公共服务短板；发展壮大乡村产业，拓宽农民增收渠道；全面深化农村改革，激发乡村发展活力；完善乡村治理机制，保持农村社会和谐稳定；发挥农村党支部战斗堡垒作用，全面加强农村基层组织建设；加强党对"三农"工作的领导，落实农业农村优先发展总方针
22	2020 年 2 月 5 日	"三农"领域重点工作	如期实现全面小康	《中共中央 国务院关于抓好"三农"领域重点工作，确保如期实现全面小康的意见》，共 5 部分，包括：坚决打赢脱贫攻坚战；对标全面建成小康社会加快补上农村基础设施和公共服务短板；保障重要农产品有效供给和促进农民持续增收；加强农村基层治理；强化农村补短板保障措施

参考文献

［1］［美］施坚雅．中国农村的市场和社会结构［M］．史建云，徐秀丽，译．北京：中国社会科学出版社，1998.

［2］白莎，万振凡．民国江西农村集市的发展［J］，南昌大学学报（人文社会科学版），2003（4）：81－85.

［3］曹俊杰．我国农业信息化建设存在的问题及对策［J］．经济纵横，2007（7）：11－13＋49.

［4］陈灿，罗必良．农业龙头企业对合作农户的关系治理［J］．中国农村观察，2011（6）：46－57＋95.

［5］陈丰．柳州市全面开放蔬菜市场［J］．经济工作通讯，1984（15）：22.

［6］陈晶，田忠华．中国金融市场奠基与发展的二十年——十一届三中全会以来的中国金融改革历程［J］．新金融，1999（10）：42－44.

［7］陈丽娟，王光成．明清时期山东农村集市中的牙行［J］．安徽史学，2002（4）：17－20.

［8］陈锡文．当前中国的粮食供求与价格问题［J］．经济社会体制比较，1995（1）：17－22.

［9］陈玉斌．农产品交易市场化是我国农业走出困境的根本途径［J］．中国农村经济，1989（6）：50－54.

［10］陈忠卫．农业市场主体发育的若干思考［J］．中国农村经济，1997

（7）：66 – 68 + 74.

[11] 楚青，朱中健，王志明. 我国农村市场的改组 [M]. 北京：中国财政经济出版社，1957.

[12] 戴德忠. 武汉蔬菜市场放开前后 [J]. 瞭望周刊，1985（39）：24 – 25.

[13] 戴宁，杨清. 略谈全面放开后的杭州蔬菜市场 [J]. 商业经济与管理，1985（4）：53 – 54.

[14] 戴晓春. 我国农业市场化的特征分析 [J]. 中国农村经济，2004（4）：58 – 62.

[15] 董捷. 日本农业支持政策及对中国的启示 [J]. 日本问题研究，2013（1）：41 – 44.

[16] 杜雯翠，张平淡，朱松. 农业市场化、农业现代化与环境污染 [J]. 北京理工大学学报（社会科学版），2016，18（1）：1 – 9.

[17] 杜鹰. 日本的农业政策改革及其启示 [J]. 中国农村经济，2000（12）：63 – 70.

[18] 樊亢，戎殿新. 论美国农业社会化服务体系 [J]. 世界经济，1994（6）：4 – 12.

[19] 冯振海. 城市的蔬菜购销价格应该同时调整 [J]. 价格理论与实践，1983（4）：29.

[20] 龚为纲，黄娜群. 农业转型过程中的政府与市场——当代中国农业转型过程的动力机制分析 [J]. 南京农业大学学报（社会科学版），2016，16（2）：73 – 83 + 154.

[21] 郭蕴静. 略论清代商业政策和商业发展 [J]. 史学月刊，1987（1）：33 – 38.

[22] 韩志荣，张红军. 当前农业生产资料专营情况 [J]. 中国物价，1989（5）：40 – 42.

[23] 何一波. 我国农业市场化程度分析和对策研究 [D]. 长沙：湖南农业大学，2007.

［24］贺明辉．我国农产品标准化监管体系研究［D］．长沙：湖南农业大学，2004．

［25］侯晓娜，魏红梅．美国农业人力资本投资对美国农业发展的影响［J］．世界农业，2014（2）：164－167．

［26］黄季焜．增加收入、市场化：美国农业补贴政策的历史演变［N］．中国社会科学报，2009－08－13（6）．

［27］贾贵浩．河南近代农村集市的特点与作用［J］．南都学坛，2007（3）：34－36．

［28］姜国祥．市场化进程中农业保护政策的选择［J］．华东师范大学学报（哲学社会科学版），2000（6）：97－102＋125．

［29］金萍，王广金．我国农产品标准化现状和存在的问题及对策［J］．黑龙江农业科学，2006（5）：86－89．

［30］景延秋，刘聪利，成应杰．我国农业标准化发展存在的问题及对策［J］．江西农业学报，2009（1）：176－177．

［31］竞争激烈的香港蔬菜、水果市场［J］．商业经济文荟，1984（5）：52－53．

［32］郎秀云．家庭农场：主导中国现代农业的新型市场主体［J］．湖南农业大学学报（社会科学版），2014，15（6）：1－6．

［33］李俊超，付九海．合作经济——农业市场化发展的必然趋势［J］．调研世界，2000（2）：36－37．

［34］李乐．美国日本以色列三国农业经营特点与土地产权管理［J］．国土资源情报，2016（10）：51－56．

［35］李里特．农产品标准化是现代农业和食品安全的基础［J］．标准科学，2009（1）：18－21．

［36］李良洪．农业市场化与农业保护政策初探［J］．农村经济，1993（5）：19－20＋18．

［37］李娜．我国农业市场化问题研究［J］．商场现代化，2016（1）：240．

［38］李奇峰. 我国农业信息化建设面临的主要问题及对策研究［J］. 安徽农业科学，2012（40）：2991 - 2993.

［39］李彦立. 澳大利亚的农业市场化及启示（下）［J］. 世界农业，1994（11）：13 - 14.

［40］李玉红. 农村集市与农村经济增长相关性研究［D］. 武汉：华中科技大学，2002.

［41］李玉梅. 用市场化手段管理农业的实践与思考［J］. 当代农村财经，2017（6）：60 - 62.

［42］林青. 农业市场化中农民专业合作经济组织发展的研究［J］. 商业研究，2004（14）：165 - 167.

［43］刘鸿儒. 中国金融体制改革进程［J］. 改革，1988（2）：17 - 22 + 196.

［44］刘金山. 中国农业市场化程度［J］. 经济研究参考，2003（15）：30 - 31.

［45］刘晓利. 吉林省农业标准化问题研究［D］. 长春：吉林农业大学，2012.

［46］刘毅. 进一步抓好蔬菜生产和市场供应［J］. 商业经济研究，1986（4）：4.

［47］龙登高. 中国传统市场发展史［M］. 北京：人民出版社，1997.

［48］龙云. 非正式制度对农村集市发展的影响研究［D］. 长沙：湖南大学，2005.

［49］陆建伟. 秦汉时期的市［D］. 北京：首都师范大学，2000.

［50］农资专营制将逐步取消［J］. 河南农业，1993（3）：32.

［51］彭超. 美国新农业法案的主要内容、国内争议与借鉴意义［J］. 世界农业，2019（1）：4 - 16 + 26.

［52］曲伟强. 清朝山东集市贸易发展之原因分析［J］. 华东经济管理，2007（8）：84 - 86.

［53］盛宪之. 魏晋南北朝集市贸易论略［J］. 邵阳师范高等专科学校学

报，2000（1）：37－40.

［54］谭金芳，邓俊锋，胡明忠，焦睿，沈蔚，王永才．论法国发展现代农业的经验与启示［J］．河南工业大学学报（社会科学版），2016，12（2）：8－11，19.

［55］唐大章．农业市场化改革的思考［J］．现代经济探讨，2003（1）：38－41.

［56］陶礼明．我国金融体制改革的回顾和展望［J］．国际金融研究，1988（1）：12－14.

［57］王庆成．晚清华北定期集市数的增长及对其意义之一解［J］．近代史研究，2005（6）：9－46＋6.

［58］卫龙宝．中国市场化改革进程中农业发展的若干趋势［J］．农业经济问题，2000（9）：36－38.

［59］温涛，何茜．中国农村金融改革的历史方位与现实选择［J］．财经问题研究，2020（5）：3－12.

［60］吴强，徐诺金．金融改革新思维——十年金融改革的反思与展望［J］．广东金融，1989（7）：4－8.

［61］习近平．论中国农村市场化进程测度［J］．经济学动态，2001（11）：11－17.

［62］肖兰．刘文博：润物细无声——农业标准化的起步和发展［J］．标准生活，2012（10）：26－33.

［63］谢庐明．赣南的农村墟市与近代社会变迁［J］．中国社会经济史研究，2001（1）：47－55.

［64］徐元明．农业市场化与农民经纪人队伍建设［J］．现代经济探讨，2002（11）：38－40.

［65］许经勇．我国农业市场化改革的回顾与前瞻［J］．调研世界，2008（4）：3－6＋24.

［66］许檀．明清时期农村集市的发展及其意义［J］．中国经济史研究，1996（2）：12－14.

［67］杨帆．社会主义市场经济理论［M］．长春：吉林出版集团有限责任公司，2013.

［68］杨光．地方政府在农业市场化过程中的作用分析［D］．杭州：浙江大学，2014.

［69］杨文波．推进农业市场化的初步思考［J］．农业经济问题，1993（12）：31－32.

［70］叶锋，马敬桂．我国农业经营主体市场特征分析［J］．农村经济与科技，2017，28（9）：39－41.

［71］叶兴庆，伍振军，周群力．日本提高农业竞争力的做法及启示［J］．世界农业，2017（9）：4－10.

［72］于冷．农业标准化与农产品质量分等分级［J］．中国农村经济，2004（7）：4－10.

［73］于丽红．美国农场信贷体系及其启示［J］．农业经济问题，2015，36（3）：101－109.

［74］约翰·克拉克．欧盟粮食安全政策对中国的启示［J］．中国经济报告，2019（6）：13－14.

［75］张光辉，李大胜．我国农业标准化建设中存在的问题及对策［J］．经济纵横，2009（4）：65－67.

［76］张广胜．农业市场化与政府职能制度化比较与选择［J］．农业经济，1995（5）：23－25.

［77］张红宇．改革新思路：市场化中的农业经济分层管理体制［J］．农村经济，1993（1）：1－4.

［78］张泉欣．"休克疗法"与俄罗斯农业市场化改革［J］．农村经济与社会，1994（5）：35－42＋34.

［79］张小惠．日本的农业政策改革及其启示［J］．农业经济，2004（5）：61－62.

［80］张晓山．前苏联东欧国家的农业市场化概述［J］．农村合作经济经营管理，1994（4）：39－40.

［81］张兴旺，孟丽，杜绍明，尹国伟．关于信息化影响农业市场化问题研究［J］．农业经济问题，2019（4）：39－45．

［82］章冠博．美国农业现代化的历程及对我国的启示［J］．湖北函授大学学报，2015，28（3）：68－69．

［83］章义和，张捷．试论南北朝农村市场的发展及其特点［J］．许昌学院学报，2007（1）：19－25．

［84］赵新浩．构建新型农业经营体系的关键是市场主体培育［J］．河南农业，2015（23）：7－8．

［85］周传宝，薛德刚，陈德元．农产品标准化生产存在的问题、原因及解决路径［J］．农村经济与科技，2013，24（10）：46－47．

［86］周锡跃，徐春春，李凤博，方福平．我国农业标准化发展现状、问题与对策［J］．广东农业科学，2011（20）：184－186．

［87］周向阳，刘涵．关于中国加强农业市场化信息化法制建设的思考［J］．世界农业，2015（10）：220－224．

［88］周应恒．日本如何稳定农产品价格［J］．农村工作通讯，2010（24）：34－36．

［89］周应堂，张兆同，程明．农业的根本出路在于市场化［J］．生产力研究，2004（1）：59－61．

［90］朱敏之．我国金融体制改革加快步伐——第四次金融体制改革试点城市座谈会侧记［J］．瞭望周刊，1987（40）：14－16．

［91］宗义湘，魏园园，沈金虎，杨东群，王华青．日本农业现代化历程及对中国现代农业建设的启示［J］．农业经济，2011（4）：13－15．